L'Epuration et les poètes

Si ce volume vous permet de découvrir notre maison, communiquez-nous votre nom et votre adresse afin de recevoir une documentation sur nos livres et nos revues.

EDITIONS DE CHIRÉ

BP 1, 86190 Chiré-en-Montreuil
www.chire.fr

Léon ARNOUX

L'Epuration et les poètes :
De l'assassinat à l'ostracisme

Préface de Pierre-Denis Boudriot

Editions de Chiré
86190 CHIRÉ-EN-MONTREUIL
www.chire.fr

Préface

Il faut savoir gré à Léon Arnoux d'avoir composé ce florilège, le premier du genre, de poètes à ce point maudits que leur œuvre demeure, aujourd'hui encore, sous le coup d'une flétrissure originelle.

Grand prescripteur d'opinion et souverain proscripteur, le Comité national des écrivains, imprima le sceau d'infamie, en dressant dès le début de septembre 1944, la première de ses listes noires rendant publique la mise à l'index de nombreux auteurs, souvent de renom, qui furent donc réduits au silence.

Soit. *Vae victis* ! L'immémoriale imprécation allait s'avérer démesurément.

La panoplie des peines ne fut jamais aussi large. La fusillade, bien sûr, mais aussi les années de géhenne en prison, ou pire en centrale, l'indignité nationale, la confiscation des biens…

L'oubli, sournois, acheva la besogne.

Pour les poètes aussi.

Léon Arnoux est allé les chercher au fond de leur puits d'oubli.

Il nous révèle ainsi le cas, exemplaire, de Noël Vesper dont il retrouva la trace après d'opiniâtres recherches.

Pasteur, poète, figure locale, Noël Vesper a été assassiné, avec sa femme, dans des conditions dont Léon Arnoux dit toute l'horreur. Le félibre du Lubéron prit place parmi les milliers de victimes de la hideuse épuration sauvage qui sévit de nombreux mois. Noël Vesper illustre le cas de ces épurés dont devait s'effacer jusqu'au souvenir même de leur mort et de leur sépulture.

Qui se souvient des suppliciés du sinistre Institut dentaire de l'avenue de Choisy, exécutés par leurs tortionnaires à brassard, et peut-être enfouis dans les jardins de l'établissement ?

Combien disparurent ainsi, à jamais, victimes posthumes du silence et de la peur ?

Voilà bien une forme d'omerta dont la pérennité mériterait attention.

Cependant, depuis quelques années des résurgences, inattendues, sont observables.

L'histoire, encore récente, de la justice et de l'univers carcéral français, conduit en effet ses chercheurs à exhumer, pour leur intérêt documentaire, des récits d'écroués de l'épuration.

Mais, leurs travaux s'accompagnent généralement d'une mise en garde singulièrement révélatrice de l'extrême circonspection avec laquelle il importe de porter ces écrits d'épurés à la connaissance du public encore très restreint.

On citera ici un extrait de l'avertissement administré par un éminent universitaire déclarant : « Les récits et les images produits par les épurés exigent de recourir à des grilles de lecture car, sous l'apparence du témoignage et du reportage, ils participent d'un combat idéologique contre les vainqueurs du jour. Systématiquement, ils mettent en cause les formes de la justice pendant l'Epuration, les conditions de détention, la Résistance et principalement la résistance communiste, la République et ses valeurs ».

Des documents de première main, émanant d'épurés, existent. Mais ils doivent impérativement et préalablement être passés au crible d'une certaine analyse universitaire.

On songerait presque aux Enfers de la Bibliothèque nationale.

Léon Arnoux nous livre donc un essai d'anthologie de cette poésie carcérale dont on appréciera les qualités distinctives.

La poésie carcérale s'impose d'abord comme l'expression d'une sensibilité exacerbée par les affres de l'enfermement. Le prisonnier vit dans l'attente et l'incertitude. Celle, immédiate, de son sort.

Mais tout peut lui être source de tourments. L'épouse qui ne répond plus aux lettres, ni ne vient aux parloirs, les négligences de l'avocat, la mère qui se consume de désespoir…

Nombre des poèmes traduisent le paroxysme d'une souffrance ou d'une émotion.

Ils témoignent souvent d'une élévation d'âme, particulièrement chez le condamné à mort, dont les poèmes ont les accents d'une foi découverte ou retrouvée.

Cette poésie est aussi un mode de communication entre des prisonniers qui entrent en communion de sentiments.

Les poèmes de Brasillach, sous l'invocation duquel bien des poètes maudits se placent, sont pieusement recopiés, transmis clandestinement de détenu à détenu, récités et même déclamés depuis la fenêtre de la cellule pour les compagnons d'infortune.

La poésie cellulaire a assurément le pouvoir de rassembler. Elle transcende les clivages politiques qui subsistent au sein même de la prison.

L'essai de Léon Arnoux ne pouvait être, soulignons-le, qu'une présentation sélective. Son auteur n'a cependant pas écarté tout poète que l'on pourrait, certes, compte tenu de son inspiration et de sa maîtrise de la versification, qualifier de subalterne ou de mineur. Il me paraît en effet important de n'ignorer aucun de ces poèmes dont chacun, quelles qu'en soient la qualité et la longueur – il en est d'aussi brefs qu'un cri – doit trouver sa place dans un futur corpus aussi riche que possible.

Léon Arnoux a tracé le premier sillon de cet ambitieux travail qui est aussi un vrai devoir de mémoire.

Pierre-Denis BOUDRIOT

Au pasteur Noël Nougat, « Vesper », de son nom de plume, qui par « Les Terrasses de Lourmarin » mit son village sur la carte du monde littéraire et artistique.

Qui plus que personne peut-être et bénévolement, se dépensa pour faire renaître le château de Lourmarin.

Qui pendant trente huit ans s'employa en tant que pasteur de l'Eglise Réformée de France à garder les brebis dont on lui avait confié la garde sur le bon chemin.

Qui pendant l'Occupation avait abrité une Israélite nommée Gerstein.

Qui, pour ne pas abandonner son épouse Laure choisie pour être exécutée comme otage par les F.T.P., décida de partager son sort et de mourir fusillé avec elle, après avoir creusé leur fosse à tous deux, et qui repose toujours avec elle dans les taillis de la Roche d'Espeil à l'endroit même où ils furent assassinés avec vingt-trois otages dont huit prisonniers de guerre allemands.

Au bon chrétien abandonné des siens à l'exception de son fils François. Si vous voulez savoir ce que valent les hommes – et si vous la trouvez – allez voir cette tombe.

L. A.

Bons poètes mais pourtant ignorés

Parlez de « poètes maudits » autour de vous et tout le monde s'inclinera. Ces deux mots constituent en effet un très détonnant mélange émotionnel. Les « poètes maudits », voilà bien un éternel sujet de Bac. Le terme avait été inventé par Verlaine pour Rimbaud et la jeunesse de ma génération fut formatée pour vibrer au nom de Federico Garcia Lorca, mort pendant la guerre civile espagnole. Il était entendu alors que seules les plus atroces dictatures pouvaient martyriser ainsi leurs poètes. Il fallu beaucoup de temps aux jeunes adolescents que nous étions en 1944 pour réaliser que nos démocraties n'étaient peut être pas aussi innocentes et pures qu'elles le prétendaient. Combien de temps et de recherches incertaines a-t-il fallu pour démêler le vrai du faux, pour comprendre les raisons cachées derrière ces anthologies de poètes maintenant expurgées, pour essayer de remettre l'Histoire à l'endroit ?

Il est d'autant plus difficile de remonter aux sources cachées que ceux qui nous gouvernent ne le souhaitent pas. Ainsi et pour ces raisons, les seuls véritables poètes maudits aujourd'hui sont ceux dont on ne vous parle jamais.

Sur les moteurs de recherche internet, si vous tapez « *Les poètes maudits* », pas moins de onze fenêtres s'ouvrent qui toutes proposent des listes plus ou moins longues de poètes et leurs biographies. Chacune y va aussi de sa définition qui va de : « *Figure tragique poussée à l'extrême* » à : « *C'est "poètes absolus" qu'il faudrait dire.* » Mais sur aucune de ces édifiantes listes vous ne trouverez **Robert Brasillach**, fusillé le 6 février 1945, ni **Robert Poulet**, condamné à mort à la Libération de la

Belgique et qui attendit, les chaines aux pieds, le dénouement fatal pendant deux cent cinquante jours et deux cent cinquante nuits et dont la découverte tardive de certains vers fulgurants, porteurs d'images éblouissantes, me laissèrent abasourdi. Vous ne trouverez pas non plus **Abel Bonnard** qui, comme le remarquait notre ami Georges-Paul Wagner (1), avait obtenu le privilège douteux d'être tout à la fois – et en même temps – condamné *à mort* et à l'indignité nationale *à vie* ! Que faut-il donc faire pour figurer parmi les poètes maudits ?

Naturellement, sur ces listes, on ne trouve pas davantage **Jean Hérold-Paquis** fusillé le 11 octobre 1945 au fort de Montrouge, ni **Noël Vesper**, assassiné en cachette dans un recoin du Lubéron. Les vrais poètes maudits ne figurent donc pas sur les listes officielles. Ils errent comme des ombres dans les limbes de l'ostracisme et si les poètes que l'on vous propose ne se rencontrent pas en ces lieux oubliés de tous, il faudra en conclure que leur malédiction est, somme toute, assez légère. Les vrais « poètes maudits » sont donc ailleurs et peut être serait-il plus juste de les appeler « les poètes damnés ».

La lecture des *Poèmes de Fresnes* de **Robert Brasillach** est toujours une révélation et un choc. Qui peut rester indifférent devant « Le jugement des juges » ? Extraits :

Ceux qu'on enferme dans le froid sous les serrures solennelles,
Ceux qu'on a de bure vêtu, ceux qui s'accrochent aux barreaux,
Ceux qu'on jette la chaîne aux pieds dans des cachots sans soupiraux
Ceux qui partent les mains liées, refusés à l'aube nouvelle,
Ceux qui tombent dans le matin tout disloqués à leur poteau
Ceux qui poussent un dernier cri au moment de quitter leur peau,
Ils seront quelque jour pourtant la cour de justice éternelle.

Car, avant même de juger le criminel et l'innocent,
Ce sont les juges tout d'abord qu'il faudra bien que l'on rassemble,
Qui sortiront de leurs tombeaux, du fond des siècles, tous ensemble,
Sous leurs galons de militaires ou leurs robes couleur de sang,
Les colonels de nos falots, les procureurs dont le dos tremble,

Les évêques qui, face au ciel, ont jugé ce que bon leur semble,
Ils seront à leur tour aussi à la barre du jugement.

Pour les juger, je vous le dis, nous aurons sans doute les saints,
Mais les saints ne suffisent pas pour énoncer tant de sentences,
Ceux qu'on a jugé les premiers, autrefois, pendant l'existence,
Comme il est dit au Livre Vrai, ne seront jugés qu'à la fin.
Ils jugeront d'abord les juges, ils pèseront les circonstances,
A leur tour alors d'écouter l'attaque autant que la défense,
Les juges vont enfin passer au tribunal du Grand Matin.

Les tire-laine dans la nuit, les voleurs crachant leurs poumons,
Les putains des brouillards anglais accostant les passants dans l'ombre,
Les déserteurs qui passaient l'eau, happés dans le canot qui sombre,
Les laveurs de chèques truqués, les nègres saouls dans leurs boxons,
Les gamins marchands d'explosifs, les terroristes des jours sombres,
Les tueurs des grandes cités serrés par les mouchards sans nombre,
Avant d'être à nouveau jugés feront la grande cassation.

C'est l'intégralité du poème qu'il faudrait reproduire ici dans sa révolte et sa grandeur, s'il ne comportait tant de strophes. Nous nous contenterons du final :

Et ceux qui ont passé leur nuit à remâcher leur mauvais rêve,
Les pâles joueurs de couteau, les héros morts pour leur combat,
Les filles qui sur leur trottoir glissaient la drogue dans leurs bas,
Ceux là qui pendant des années ont perdu leur sang et leur sève,
Par le juge et par le mouchard et par Caïphe et par Judas,
Ils verront le grand Condamné, roi des condamnés d'ici bas,
Ouvrir pour juges et jugés le temps de la grande relève.

Le poème est daté du 13 janvier 1945, 24 jours donc avant son exécution. Ne serait-ce que par la qualité du texte qui va jusque, dans le vers d'une strophe non reportée ici, évoquer la mort du poète : *« De ceux qui tombent en hiver sous les balles des fusilleurs »*, **Brasillach** a, sans la moindre contestation, sa place parmi les poètes maudits. Mais même dans la république des muses, il faut montrer patte blanche et avoir son brevet délivré par le bon camp – qui est depuis toujours celui des vainqueurs – approuvé par toutes les autorités morales qui comprennent aussi, n'en doutons pas, le Grand Sanhédrin. Les vainqueurs fusillèrent les poètes qui ne les ont pas encensés, laissant aux laquais de la littérature le soin de remettre à jour les anthologies poétiques.

Un authentique baroudeur, ancien de Narvik et de la L.V.F., le commandant **André Demessine** était aussi poète à ses heures. Emprisonné à Fresnes en même temps que **Brasillach**, il apporta à ce dernier son soutien et son amitié jusqu'au matin du 6 février. A quelques jours près, il le suivra devant le peloton d'exécution. Condamné à mort le 21 février, il sera fusillé le 15 mars 1945, soit cinq semaines après **Brasillach**.

Nous connaissons peu le poète **Demessine**. Emprisonnés à Fresnes à la Libération, l'écrivain et le militaire se portaient une estime réciproque. Maurice Bardèche, qui fut, rappelons le, le beau-frère de **Brasillach** a rapporté l'anecdote selon laquelle **Demessine**, emprisonné à Fresnes était sur le point de s'évader lorsque, tout près de la sortie, il fut reconnu par un avocat qui s'écria : « Tiens, Demessine ! » et cette apostrophe fut malheureusement entendue par les surveillants qui s'emparèrent de lui. Cela rappelle un peu l'arrestation de Jean Bassompierre à Naples. Voici un court extrait du long poème qu'il dédia à **Brasillach**.

Chapeau bas, j'ai refait le tien pèlerinage.
En cet étroit logis, témoins de ton passage
Les fers que tu portais sont aujourd'hui les miens,
Les murs où tu as ri sont de mes chants tout pleins
Sur l'étroite couchette et sur la même table
Nos deux fronts ont pâli sous un destin semblable.

Dans ce chapitre, nous avons volontairement lié les deux hommes. Ils se sont connus, aimés et respectés à un moment de leur vie où nul ne songe à rien d'autre que : « Comment vais-je me comporter devant la mort ? » Il leur fut donné, rendons grâce au ciel pour cela, de mourir tête haute.

La grâce poétique incarnée : Abel Bonnard

Parmi ceux qui connurent à la fin de la guerre les humiliations habituelles réservées aux vaincus, mêmes s'ils purent éviter les cellules de Fresnes ou les paillasses crasseuses héritées des précédents occupants de Drancy, il faut citer **Abel Bonnard**, condamné à mort par contumace. Ministre de l'Education Nationale dans un gouvernement du Maréchal, il avait pu rejoindre l'Espagne. Quand les passions furent un peu retombées, il obtint un deuxième jugement où il se présenta devant des juges qui, finalement, n'avaient pas grand-chose à lui reprocher puisqu'ils l'acquittèrent. Mais la France résistancialiste et gaullienne ne ressemblait plus guère à celle qu'il avait tant aimé et il préféra reprendre la route de son exil madrilène. Il mourut là-bas quelques années plus tard dans ce que ceux qui le visitèrent à cette époque décrivirent comme une chambre de bonne, et vivant chichement. Olivier Mathieu écrivit de lui une excellente biographie : « *Abel Bonnard : Une aventure inachevée* » qui bénéficia d'une postface de **Léon Degrelle**.

Lauréat du Grand Prix de poésie décerné par l'Académie Française en 1906 alors qu'il était âgé de vingt-trois ans pour son recueil *Les familiers,* aucun poète n'a mieux évoqué que lui la douceur de vivre dans la France de cette époque, celle qui après 1914-1918 n'existera plus. Que ce soit *La mouche brûlée* qui a voulu un soir d'été flirter avec la bougie sur la table et dont on entend, épisodiquement, le bruit si caractéristique, *le faisan*, régal des yeux sur la table de la cuisine : « *J'ai l'air d'un seigneur mort vêtu de feuilles mortes* » ou encore *le chat huant* et ses yeux lents sous ses cornes de plumes ou cette amusante et redoutable *punaise* qui dans l'auberge de la vallée attend l'alpiniste fatigué. Autrefois, il était normal de conseiller aux enfants la lecture de pareils poètes. Aujourd'hui, ils sont soigneusement expurgés de toutes les anthologies poétiques et c'est la raison pour laquelle nous publions ici quelques uns de ces poèmes. Comme on peut en juger, ils sont écrits dans la langue la plus simple et la plus limpide. Pour beaucoup cela sera une découverte et cela leur permettra aussi d'apprécier l'injustice qui les frappe à sa juste valeur.

La mouche brûlée

Je vais dormir ; je suis presque nu sur mon lit.
J'ai soufflé la bougie et dans l'air qui pâlit
Mon œil croit suivre encore de vagues étincelles ;
Et j'entends une mouche ; elle a brûlé ses ailes,
Et ne peut plus marcher et ne peut plus voler.
Je l'entends par moments sur le marbre trembler
Près de moi, comme si l'on frottait deux aiguilles.
Je pense à mes beaux jours chargés de jeunes filles,
A mes vers frais encore sur la table, au jasmin,
Et le bonheur d'hier nourrit déjà demain.
Je n'entends plus la mouche, elle est morte peut-être.
La mollesse du vent qui vient par la fenêtre
Gonfle déjà le songe où je suis emporté ;
Je l'entends. Elle vit encore. O nuit d'été !

Comme ce poème traduit bien ces soirées d'été des vacances de notre jeunesse. Et aussi, l'insouciance et le bonheur.

La punaise

Je t'attends ; au penchant des monts que tu soumets,
Tu grimpes, tu prétends talonner les sommets,
Puis, quand tu redescends à l'auberge, bonhomme,
Tu souris déjà d'aise en pensant à ton somme ?

Tu veux dormir ? Essaye. Et te voilà couché.
Sur ton corps chatouilleux qu'est ce qui t'a touché ?
Tu frémis ? Ce n'est rien, repose une minute.
Mais voici le combat nocturne, aux armes, lutte,
Repousse nos assauts sur ton lit soulevé.
Non, tu cèdes, tu fuis vers le fauteuil crevé,
Ruine abandonnée où quelque mite ronge,
Et nous t'y laisserons à ton pénible songe.
Tu ne graviras pas de montagne demain.
Et nous, flairant encor l'odeur d'un être humain,
Grasses, pleines du sang dont tu nous désaltères,
Sans plus garder nos rangs comme des militaires,
Tandis que le fauteuil étroit te rompt les bras,
Nous promenons notre victoire entre tes draps.
Puis, après mille tours, fières de tes désastres,
Quand Orion, navire immense gréé d'astres,
Sombre à demi déjà dans l'aube qui pâlit,
Nous rentrons en triomphe aux fentes de ton lit.

L'humour en poésie est un genre peu pratiqué. Porter son cœur en bandoulière est beaucoup plus facile. Inoubliable punaise !

Le chat (extraits)

Je suis celui qu'on voit sans l'entendre venir.
Muet, mat, si glissant qu'on ne peut me tenir,
Sur le tapis je rôde avec cérémonie.
Etant silencieux, je suis plein d'harmonie ;
Tous mes pas sont comptés comme les pieds d'un vers.
Quand le feu meuble l'ombre avec ses yeux ouverts,
Je l'approche, et, douillet, près de la cendre bleue,
Je demeure immobile, enfermé dans ma queue,
Et rien qu'en me voyant l'homme apprend le loisir.
Je suis droit ; mon regard est comme un élixir ;
J'ai les yeux concentrés de celui qui médite.
Ma prunelle est tantôt grande et tantôt petite
Comme un tiroir ouvert ou fermé ; les souris
Moins que ma rêverie orgueilleuse ont de prix.

Dans l'armoire, elles font le guet, toutes pareilles,
Et les plus petits bruits sont grands dans leurs oreilles.
Je les laisse au jambon qu'elles ont épousé,
Tuer des rats étant un plaisir épuisé.

Je suis le compagnon muet de la mémoire.
La femme, ayant rangé son tricot dans l'armoire,
Est gonflée de sommeil, et sans parler beaucoup,
Elle occupe ses doigts à me gratter le cou.
J'ai toujours mon aspect de faste et de magie ;
Et l'homme sent en lui toute la nostalgie
Surgir, et tout le rêve anxieux flamboyer,
Quand j'étrangle mes yeux aux rougeurs du foyer.
C'est ainsi qu'inutile et précieux, je veille.
Le chien semble toujours piqué par une abeille,
Et s'empresse, et se fait caresser sans arrêt ;
Mais moi je donne aux mains un plaisir plus secret.
Je suis exquis et las comme un prince d'Asie.
Le tiède paresseux près de moi s'extasie,
J'exige, avec des yeux beaux comme l'Orient,
Aux repas les morceaux dont on me sait friand.
Je vis libre de tout dans un cercle de charmes.
Etre armé me plait moins que de cacher mes armes,
Mais j'en use, et celui qui m'agace connait
Ma blessure soudaine et propre à son poignet.
Susceptible, pour peu qu'un importun me touche,
J'attrape au vol ses doigts comme on prend une mouche.
Je suis le chat bénin de griffes protégé.
Celui qui me reçoit reste mon obligé,
Je suis calme. Je suis toujours digne de moi.
C'est minuit. L'ombre danse avec un vague émoi
Et jongle, en remuant l'air avec ses mains noires,
Le feu s'est endormi de ses propres histoires,
Mais sa chaleur encor me gonfle, et, dans le ciel,
Orion sur nos toits raidit son arc de gel.

Mais **Bonnard** savait aussi conduire très loin ses pensées philosophiques et politiques. « *L'art,* disait-il, *ne fait jamais qu'exprimer les idées centrales d'une civilisation.* » Lorsqu'on lit ses poèmes, on voit bien que l'art poétique participe activement à cette tâche. Après la guerre, au cours de son exil, **Bonnard** constatera aussi : « *Aujourd'hui, il peut encore naître des talents, ils ne peuvent plus ni croître ni fleurir.* »

Le poète n'avait que vingt-trois ans lorsqu'il publia « *Les familiers* » dont nous avons extrait les poèmes ci-dessus. D'un autre recueil, « *Les Royautés* », il est presque un crime de ne rien dire du très émouvant : *« Le double automne »*. Mais il n'est aucun des poèmes de **Bonnard** qui ne mérite la citation. Et, chose rare, le temps n'a pas eu de prise sur eux. Quel gâchis que de rejeter ainsi si bonne poésie ! Quel dommage !

Eh oui, eh oui : Sacha aussi

Le grand **Sacha Guitry** connu lui aussi la haine imbécile des soi disant justiciers de la Libération. « *Libération ?* disait-il, *mais on ne libère que des esclaves et je n'en ai jamais fait partie.* » Si la poésie ne fut pas la corde principale au service de son talent, dans *Cinquante ans d'Occupations,* il nous propose quelques uns de ses poèmes, dont : *Le lévrier, La chatte,* et *Ma maison de campagne.* **Sacha Guitry** est un amoureux de la vie et cela se sent bien. Le seul poème tragique que nous ayons de lui est daté du 26 août 1945 alors qu'il est emprisonné au Dépôt de Paris. Dans la nuit, deux très jeunes gens vêtus de l'uniforme des gardiens de la paix viennent lui agiter un révolver devant le visage et le menacer de mort. Donnons d'abord le poème qu'il écrivit suite à cette scène de cauchemar pour pouvoir terminer sur des notes plus légères. Les rôles de **Sacha** ont toujours évité la tragédie. Ce poème n'a pas de titre.

Un homme était entré, soudain, dans mon cachot
L'arme à la main, le bras tendu,
Je l'avais à peine entendu.
Il me disait : « Tu vas mourir ! »
Et je l'ai cru – car on le croit.

J'ai vu la mort – et j'ai compris
Que ma vie avait plus de prix
Pour ce garçon que pour moi-même.
Il avait peur, il était blême, il était ivre
Et semblait attacher une importance extrême
Au fait que, tout à coup, j'allais cesser de vivre.

Anémique, pervers, vindicatif, malsain,
Vrai gibier de potence, échappé d'hôpital,
Il vivait un moment terrible et capital
Puisqu'il avait conçu le surprenant dessein
D'être, tout à la fois, le juge – et l'assassin.

Il répétait : « Tu vas mourir ! » – et j'attendais.
Il ajoutait : « Tu m'entends bien ! » – et j'entendais.
Car j'attendais toujours – et j'entendais fort bien,
Mais je ne mourais pas.
Et c'était lui qui retardait,
Sans y comprendre rien,
L'heure de mon trépas.

Or, la minute étant passée,
L'homme a laissé tomber son arme
Et sans mot dire, il est sorti, comme à regret.
J'avais vu la mort de bien près !

J'en ai gardé un souvenir assez peu reluisant.
Devrais-je vivre cent dix ans,
Je nous verrais toujours dans l'ombre, face à face,
Le moribond puissant, l'exécuteur chétif,
L'honnête homme jugé par le gars des fortifs !
O vision que rien n'efface !
Dont je ne parlerai dans aucune interview,
Mais qui m'écœure et qui me navre :
M'être vu menacer de mort par le cadavre
D'un voyou !

Ne nous y trompons pas, la vraie Résistance n'a pas grand-chose à voir avec les excités qui se manifestèrent pendant l'été 1944. Sacha se sortit là d'une situation bien difficile mais tous n'eurent pas cette chance. Passons vite à des textes plus en rapport avec ce qu'il aimait dans la vie :

La chatte

Depuis six mois qu'elle est à moi...
Oh ! Vanité dont tout à coup je m'aperçois,

Car se vanter d'avoir une femelle à soi !
Rectifions. Depuis six mois
Qu'elle est chez moi.

Que je l'appelle Mi-a-ou
(Je l'ai depuis la mi-août
De l'an passé)
Que je l'appelle Messaline ou bien Circé,
Ou petit-Bronze de la Chine,
Je ne vois nul frisson passer
Sur son échine.

Mais si vainement je m'échine
A tenter de la baptiser,
Elle a pourtant réalisé
Qu'elle me doit certains égards,
Puisqu'elle me consent l'aumône d'un regard
Quand je fais le bruit d'un baiser.

Quand il me prend la fantaisie
(Elle me prend assez souvent)
De m'allonger sur mon divan,
Tout aussitôt je la vois poindre.
Elle marche à pas de velours
Et fait un assez long détour
Pour venir enfin me rejoindre.

Sait-elle que je sais qu'elle s'y prend ainsi ?
Elle dira que non. Moi, je prétends que si.
Quoi qu'il en soit, toujours suivant
L'ordre et la marche du programme,
Elle s'applique à ne peser que quelques grammes
En parvenant sur le divan.

Etant censé ne rien savoir,
Complice bénévole et d'ailleurs volontaire,
Je dois me taire
Et ne rien voir.
Elle s'étire, se délasse,
Et dès qu'elle a trouvé tout contre moi sa place,
Elle est bien vite sur le dos.
Et la voilà, fermant déjà ses yeux dorés,

Afin de pouvoir ignorer
Ce que, peut-être, je vais faire.
Son rêve est en effet
D'y rester tout à fait
Etrangère.
La comédie est commencée.
Je la caresse. Elle se laisse caresser.
Son corps ondule et se prélasse,
Mais, nonobstant ce qui se passe,
Elle dit n'être là que pour se délasser.

Pourtant il faut qu'elle y renonce,
Car un très doux ronronnement
Précède le plaisir qu'elle éprouve – et l'annonce.
Or, d'ordinaire, à ce moment,
Elle murmure un mot qui se termine en « cha ».
Est-ce mon nom qu'elle prononce ?
Ou bien demande-t-elle un chat ?

Ah, le délicieux poème que voilà ! Et si français ! Inutile après cela de demander si Sacha aimait les femmes. Les vers qui suivent sont du même esprit :

Ma maison de campagne (extrait)

Un coq se détacha du groupe des volailles
Et s'en vint vers moi tout de go.
Ayant mis sa crête en bataille,
Il se dressa sur ses ergots
Comme pour ne pas perdre un pouce de sa taille.
Quoi, me cherchait-il une affaire ?
Que me voulait-il, celui-là ?
Qu'allait-il faire ?
Il me parla.

« Cher monsieur, me dit-il,
Nous en avons assez de vos façons de faire.
Je parle en ce moment au nom des volatiles
Aussi bien que des mammifères.
Oui, oui, je parle au nom de tous, tant que nous sommes

En vous priant de bien vouloir,
Monsieur, faire savoir
Aux Hommes
Que nous sommes à bout
De voir avec enfin quelle désinvolture
Ils traînent nos noms dans la boue
Et s'en servent entre eux comme d'autant d'injures.
C'est très joli de badiner
Mais convient-il qu'on en abuse
Et que d'un mot l'on nous condamne ?
Ainsi, tenez,
C'est devenu très ennuyeux d'être une buse
Et c'est désagréable à la fin d'être un âne !
En vérité,
Nous n'osons plus nous appeler
Par nos vrais noms.
Faites cesser ce cauchemar
Qui contriste les animaux
Trouvez des mots,
S'il vous en manque, inventez-en !
Mais laissez en paix les faisans !
Laissez en paix les maquereaux !
Les maquereaux encor, cela pourrait passer,
Car nous savons, hélas ! que ne l'est pas qui veut.
Vous ayant exprimé mes regrets et mes vœux,
Les maquereaux, je vous les donne – et c'est assez.

Enfin, monsieur, trouvez des mots, trouvez en d'autres
Ou bien, nous vous prévenons,
Las de vous voir prendre nos noms
Nous finirons alors par vous prendre les vôtres !
Et d'ailleurs, ça commence – et je vous avertis
Que nous n'y allons pas, nous autres, de main morte.
Et du plus grand, monsieur, jusqu'au plus petit,
Nous vous donnons
Déjà vos noms.

Nous avons baptisé la teigne, le cloporte,
Et, pas plus tard qu'hier, tous les batraciens,
Et si je vous disais les noms connus qu'ils portent !

Avocats, députés, académiciens,
Percepteurs, argousins, gazetiers – tous y passent !
Nous leur distribuons les butors, les rapaces,
Le tamanoir, le pou, le crabe, la panthère,
La punaise, et le moustique...
Réservant le putois, la taupe et la vipère
A ces messieurs de la Critique ! »

Ah, comme il est bien amené ce coup de pied aux fesses !

L'Angleterre, comme Carthage…

Les poètes, gens dont la fibre principale est souvent proche de l'amadou, sont facilement enclins à épouser les causes les plus folles et les spéculations les plus hardies. Hélas, les spéculations sur l'avenir – qu'elles soient financières ou politiques – ne sont jamais à l'abri de l'erreur et du risque et l'avenir parait d'autant plus brillant qu'il est loin des réalités quotidiennes, beaucoup plus terre à terre, comme nous pouvons le constater.

Mais quand le sort vous a fait naître de la sorte, inutile de récriminer : votre voie est tracée avant même que vous n'ayez accompli vos premiers pas. Vous ne serez donc pas surpris outre mesure d'apprendre que le poète dont nous parlons ici, pourtant natif d'un calme petit village vosgien alla s'engager dans la Légion Etrangère espagnole, le fameux Tercio, afin de combattre pour la cause franquiste. Rien que ça ! Courir risquer sa vie si loin des paysages bucoliques qui l'avaient vu grandir, il y a bien là quelque chose qui ne peut être que le fait d'un poète de la plus authentique espèce.

De fait, un irrésistible courant l'entraînera toujours plus loin. Viscéralement anti-communiste, le voilà bientôt chargé d'assurer les émissions en langue française de Radio Saragosse, porte-parole officiel de la cause phalangiste. Mais, lorsque l'on sait que l'*Association des Amis de Radio Saragosse* qu'il fonda en 1937 compta jusqu'à 18 000 membres, on peut se rendre compte que les idées défendues par le désormais journaliste radiophonique, étaient partagées par beaucoup de monde.

Là bas, il aura l'occasion de rencontrer le maréchal Pétain que la République Française avait délégué pour être l'ambassadeur de notre pays auprès du général Franco. Du côté français, les motivations étaient claires : il fallait absolument dissuader l'Espagne de se joindre au camp de l'Axe qui menaçait déjà notre pays sur deux fronts. Deux fronts, c'était déjà trop, alors un conflit supplémentaire de plus sur les Pyrénées, c'était un luxe que nous ne pouvions pas nous permettre. Et comme le Maréchal avait déjà noué des rapports amicaux avec Franco à l'occasion de la rébellion du Rif au Maroc quelques années plus tôt, il était l'homme idéal à ce poste.

Vient le désastre militaire de 1940, qui n'a pas manqué d'affecter le patriotisme de notre poète et auquel viendra s'ajouter l'agression aussi inutile qu'inattendu des Anglais contre notre flotte en voie de désarmement à Mers-el-Kébir. Trop, c'est trop ! Et voilà notre homme qui bascule dans la collaboration sans réserve aux côtés de l'Allemagne. Inutile de cacher plus longtemps le nom de notre poète, vous avez deviné sans doute qu'il s'agissait de **Jean Hérold-Paquis**.

Maintenant de retour en France et membre du *Parti Populaire Français* de Jaques Doriot, le voilà nommé au Comité d'Honneur réuni à l'occasion de la création de la section française de la Waffen-SS. A partir de là, les choses s'accélèreront et, à dater du 4 janvier 1942, il assurera sur Radio Paris la rubrique militaire où son rôle sera, bien sûr, de décrire les succès militaires allemands et tourner en dérision les efforts alliés. Son leitmotiv quotidien qui le rendra célèbre est : « *L'Angleterre, comme Carthage, sera détruite !* »

Les Français à l'époque sont divisés ; mais quand ne l'ont-ils pas été ? S'ils l'avaient été seulement entre pétainistes et gaullistes cela aurait été trop simple. Le gouvernement de Vichy avait choisi l'option du profil bas en attendant que l'Amérique entre en guerre. Mais voilà, l'état d'esprit du « Paris collaborationniste » jugeait cette attitude beaucoup trop molle et, par anticommunisme elle avait tout simplement choisi le camp allemand qui se battait sur le front de l'Est. Et

Jean Hérold-Paquis se retrouva fer de lance dans ce combat.

Aurait-il pu échapper à son sort en 1945 lorsqu'il céda sa place, dans l'avion qui devait l'amener en Espagne, au frère d'**Abel Bonnard** ? Ce n'est pas impossible. N'oublions pas que, de par son rôle à Radio Saragosse, Franco avait une certaine dette envers lui. Les choses étant ce qu'elles furent à l'époque, disons simplement qu'il fut arrêté le 8 juillet 1945 et incarcéré à Fresnes. Le 17 septembre suivant il sera jugé et condamné à mort et, finalement, fusillé le 11 octobre. Comme on a pu le voir, sa vie toute entière fut un engagement sans limite auprès des causes auxquelles il croyait sans la moindre réserve. Ceci, comme on le voit, est tout à fait en accord avec un destin de poète qui ignora toujours les calculs d'épicier. Entre son arrestation et sa mort, dans sa cellule, il écrira ses mémoires : *« Des illusions... Désillusions ».* Ses poèmes seront publiés à Paris en 1948 par les *Cahiers de la Vérité* sous le titre de : *« Poèmes inédits ».* En voici des extraits :

Les condamnés à mort (extrait)

Chaines traînant sur le plancher
Se répétant « Faut pas flancher »
Les uns chantent, les autres rient...
N'en connais pas qui ont pleuré !

....

Ils font des mots et des discours.
Ils n'appellent pas « au secours ».
Et dans la nuit trouvent le somme
De leurs puissants ronflements d'hommes.
N'en connais pas qui ont pleuré !

....

Il en est un qui ce matin
S'en est allé vers son destin...
Il a crié : « Salut !... Courage ! »
Ils lui ont dit : « Fais bon voyage ! »
N'en connais pas qui ont pleuré !

Un qui ne reviendra pas (extrait)

J'ai lavé ton visage de la boue
Qui cachait les vingt ans que tu n'as pas
Et mis un baiser d'adieu sur ta joue,
Toi qui ne reviendras pas...

Passions (extrait)

Je sais de nouveaux Christs sacrifiés à la haine
Et tombés au sommet de nouveaux Golgothas
Je sais d'autres passions, je sais des croix en tas
Sur le vaste charnier de l'injustice humaine.

Car tous ceux qui sont morts en dehors des batailles
Ont comme vous, Seigneur, sué le sang et l'eau,
Et pleurés comme vous au devant du tombeau,
Ils ont eu comme vous d'obscures funérailles.

Ils ont connu l'ami qui détournait la tête,
Le reniement de Pierre, ils l'ont aussi connu
Qui répondit à ceux qui lui disait : « Vous êtes
De sa suite ! Oh ! Moi ? Je ne l'ai jamais vu »...

Ils ont connu les coups des gardes au prétoire,
La couronne, jusqu'au sang, a déchiré leur front,
Des crachats au visage, ils ont subi l'affront,
Ils se sont souvenus de la divine histoire.

Le geste de Pilate, ils l'ont aussi connu,
La foule hier criait : « Barrabas à la rue ... »
Elle hurle aujourd'hui : « Ces hommes, qu'on les tue... »
Et les juges peureux signent les attendus.

Ils ont aussi connu l'amitié du voleur,
Des hommes en prison ont consolé leur peine,
Des hommes différents ont partagé leurs chaines,
Des hommes fraternels ont vécu leur malheur.

Aux restes des bourreaux et des assassinés,
A ceux qu'on a fondu dans les fours crématoires,
A ceux qui n'ont pas même un nom dans les mémoires,
Aux cadavres perdus sous les mortes cités.

Ainsi qu'aux rescapés de la haine inféconde
Seigneur, donnez enfin le baiser de la paix,
Et qu'en signe d'amour soit dressée à jamais,
La croix du Golgotha sur la Passion du monde.

Le navire immobile (extrait)

Je suis le passager d'un navire immobile
Dont l'étrave et la poupe ont une forme égale
Et qui cache en son flanc de maigre cathédrale
Tous les espoirs perdus d'une foi malhabile.

Le navire est monté par un morne équipage
Ignorant des splendeurs des antiques marines
Et les passagers sont enfermés aux cabines
Où des barreaux pressés miment le bastingage.

A bord de ce vaisseau qui n'a pas de sillage
Et que le vent, jamais, ne penche ou ne démâte
Et qui ne tangue pas, et dont la route plate
Heurtent les hauts murs gris qui forment le voyage.
Dans les soutes, au fond du bateau qui demeure,
Sur la mer invisible, ancré comme une épave,
Des émigrants pensifs dont le regard est grave,
Attendent en priant qu'on leur dise : « C'est l'heure ! »

C'est l'heure de marcher jusqu'au débarcadère,
C'est l'heure d'en finir avec le faux voyage,
C'est l'heure des adieux, c'est l'heure du courage,
C'est l'heure de descendre à l'escale dernière.

Et d'autres s'en viendront qui porteront les chaînes
Des disparus par-dessus la rambarde
Du tragique vaisseau que la ville regarde
S'en aller immobile, en étouffant nos peines.

Nous sommes bien conscient que ces sélections de poèmes et les coupures que nous nous sommes permis de faire parmi eux, tout au long de ce modeste ouvrage sont, comme toutes les sélections, arbitraires et incomplètes. Mais, le moyen de faire autrement ?

Pour réparer quelques oublis

Plus par ignorance qu'autre chose, l'auteur de ces lignes s'était montré présomptueux en imaginant épuiser pareil sujet en un article ou deux. Il pensait alors pouvoir le traiter en quelques pages et sans avoir à quitter son jardin. La leçon à retenir est que lorsque l'on s'aventure à pousser des portes qui mènent à des visites que les gens raisonnables ne font pas et qu'elles vous entrainent jusqu'en des lieux où il n'y a que la réprobation des honnêtes gens à espérer, mieux vaut savoir qu'ensuite il sera trop tard pour reculer.

Car ce n'est jamais un voyage sans danger. A vouloir fréquenter les maudits, on risque de leur trouver quelques excuses, voire même de les comprendre et, qui sait ? Aller jusqu'à épouser leur cause. A leurs côtés sur des terrasses en ruine qui dominent des surplombs et des perspectives insoupçonnées, qui vous dit que vous n'allez pas trouver du charme aux fleurs vénéneuses que l'on trouve en ces lieux ? Qui vous dit même que la nuit, vous n'allez pas retrouver ces audacieux allongés à vos côtés, sur ces plages d'insomnies qu'ils auront su aménager pour vous ?

La poésie est une étrange chose. Elle est un peu comme une maladie de l'âme, pas mortelle sans doute, mais qu'il vaut mieux éviter. Courir le risque de ces atteintes de mélancolie pour des bénéfices totalement illusoires, voilà bien une chose que des parents responsables et prévoyants de l'avenir de leurs enfants auront toujours à cœur de leur éviter.

Bien sûr, la petite porte secrète qui mène jusqu'en des lieux où la métaphore a tendance à fleurir sera toujours là, cachée quelque part dans un passage discret. Les éducateurs soucieux d'éviter tout risque pour les futures carrières, tacheront qu'elle ne soit jamais visible et que de lourds rideaux la masquent soigneusement. Mais quoi qu'ils fassent, la fable de la Belle au bois dormant sera toujours dans le cœur des enfants de tous âges, peut-être pour leur rappeler que le risque est toujours là.

Et lorsque certains vers se seront installés dans un coin de votre mémoire, vous devrez savoir qu'ils y seront pour longtemps. Comme ceux-là :

« Ils s'assiéront auprès de ceux qui ont tiré dans les tranchées
Et puis qui ont dit « non » un jour, fatigués des années d'horreur,
Des soldats tués pour l'exemple et des décimés par erreur,
Et près des durs, des militants de toutes les causes gâchées,
De ceux qui tombent en hiver sous les balles des fusilleurs,
De ceux qu'enferment aux cachots les polices des empereurs,
Et des jeunesses de partout, par leurs chefs en fuite lâchés. »

Robert Brasillach, *Le jugement des juges*

A vous maintenant, si le cœur vous en dit, de retenir ces vers qui représentent peut être l'essence la plus pure de la tragédie. Et ce n'est pas parce que leur auteur ne figure pas sur la liste officielle de poètes maudits, liste établie et remise à jour par les laquais de la littérature, qu'il n'est pas leur prince. Au contraire, c'est le silence de tous ces médiocres qui l'intronise. Ils peuvent peut être, les valets et les juges, *« Sous leurs képis de militaire ou leurs robes couleur de sang »* décider du sort des poètes, reste que :

« Les colonels de nos falots, les procureurs dont le dos tremble, »
« Les évêques qui face au ciel ont jugé comme bon leur semble »

n'ont aucun pouvoir en royaume de poésie. Ils restent en deçà de portes qu'ils ne franchiront pas, loin de ces îles où jamais ils n'aborderont. Nous avons peut être donné beaucoup de place à **Brasillach**, mais à tout seigneur tout honneur et nous avouons avoir un faible pour « *Le Jugement des juges* ».

Un véritable poète, comme la suite nous le confirmera, ne saurait se contenter de mots et délaisser l'action au profit de quelques vers, même bien ciselés. Le commandant **Demessine** a bien illustré cette race d'hommes mais il en est un autre dont nous n'avons pas encore parlé et qui, s'il fut grand baroudeur parmi les grands, n'en fut pas moins poète à ses heures. Il s'agit de **Léon Degrelle**, le flamboyant, le grand **Léon Degrelle**.

Ceux parmi nos lecteurs qui n'ont pas reculé devant l'apprentissage de l'ordinateur, découvriront ou redécouvriront l'épopée de sa vie en tapant son nom sur *Google*. Ils verront, en particulier, deux vidéos de plus d'une heure chacune où **Degrelle** se raconte et remet l'histoire à sa place. Sur la première partie, **Degrelle** nous parle de ses jeunes années toutes empreintes de rigueur, et puis, encore étudiant, son entrée dans le journalisme et le combat des idées qui le mènera à l'engagement politique et au mouvement *Rex* dont il sera le chef, un chef payant toujours de sa personne et ne reculant pas devant les coups à prendre. La deuxième vidéo est consacrée aux années de guerre. La lutte anticommuniste qu'il a toujours menée – et peut-être aussi une pique de **Robert Poulet** qui ne le ménagea pas – l'entraîneront à s'engager dans la Légion Wallonie qui ira combattre sur le front de l'Est. Là, sa conduite au feu l'amènera rapidement à en prendre le commandement. Les actions héroïques succèdent aux actions héroïques et lui vaudront les plus hautes décorations allemandes décernées par le Führer lui-même. Pour beaucoup, par sa prestance et sa vaillance, il est l'incarnation de Siegfried. « *Si j'avais eu un fils, j'aurais voulu qu'il vous ressemble* » lui dira même le chancelier du Reich en lui remettant les feuilles de chêne d'or.

Mais si nous parlons de **Léon Degrelle** ici, c'était surtout pour saluer le poète. Disons aussi qu'il eut toujours une plume rapide et sûre qui lui permit d'aborder, à côté du journalisme politique, bien d'autres sujets. Inspiré par les muses, il écrivit plusieurs plaquettes de poèmes. La première était intitulée : « *Mon pays me fait mal* ». Il sera le premier à utiliser cette image poétique qui sera plus tard reprise par **Brasillach** et non l'inverse, comme on aurait tendance à croire. Une autre de ces plaquettes eut pour titre : « *Prière à Notre Dame de la Sagesse* ». Dans une troisième : « *Les tristesses d'hier* », il reprend surtout les poèmes déjà publiés. D'autres encore qui s'intituleront : « *La chanson ardennaise* » et « *L'ombre des soirs* ». Mais ce sont, il faut bien le dire, des œuvres de jeunesse qui traduisent bien les troubles de l'adolescence. Un court extrait :

Les herbes, les troupeaux, la musique des bois
Rendent mon cœur léger comme un vol d'hirondelle ;
Je puis me reposer près des sources rebelles,
J'y bois au creux du gobelet de mes dix doigts
Et m'enfonçant dans la forêt luxembourgeoise,
Je note un court poème ou cueille des framboises...

Les années de guerre ne lui laisseront pas le temps de se consacrer à la poésie. A la fin avril 1945, quand l'issue d'un combat inégal ne laisse pas de doute, un avion l'amènera de Norvège en Espagne. A court de carburant, celui-ci se posera en catastrophe sur la plage de San Sebastian. Il se sortira de cet atterrissage de fortune avec de nombreuses fractures qui lui vaudront une année d'hospitalisation. Pendant ce repos forcé, il fera la découverte des poèmes de sainte Thérèse d'Avila qu'il traduira dans une plaquette : « *Je te salue, ô belle mort* ».

Nous devons cette partie moins connue de la biographie de **Léon Degrelle** au poète belge Jean-Pierre Hamblenne que nous remercions ici (1).

Degrelle nous a conduits en Belgique et là, force est de constater que nous ne nous attendions pas à rencontrer sur le thème de cet article une telle richesse littéraire et dramatique.

---

(1) Il édite et propose la revue poétique : *Altaïr* (B.P. 19, B-1420 Braine l'Alleud, Belgique).

Nous pensions, naïvement, que notre pays avait été le témoin principal des horreurs de la libération et de l'épuration. Quelle erreur ! Et qui nous conduira sans doute à revenir sur ce qui se passa chez nos voisins à l'arrivée des troupes anglo-américaines.

« J'écris, et le papier s'écarte,
et sous la plume,
L'échafaud resurgit, les bûchers
se rallument... »

Pour nous, le poète dont nous allons parler ici se classe parmi les plus grands entre ceux qui, à travers les siècles, honorèrent les lettres françaises.

Oui, **Robert Poulet** est un poète majeur. Un poète doublé d'un pamphlétaire, polémiste et critique littéraire remarquable certes, mais qui restera d'abord comme poète. Aujourd'hui, pour lui comme tant d'autres, c'est le désert. Combien de temps cette traversée durera-t-elle ? Qui pourrait le dire ? Son nom est de nos jours inconnu parmi les jeunes et les moins jeunes uniquement parce que nos lettres ont été entrainées sur des chemins qui ne pouvaient les mener qu'à la décadence. A partir du moment où un lobby s'était emparé des commandes, elles devenaient hémiplégiques. Mais la roue tournera. Elle a toujours tourné et il n'est pas écrit dans le ciel qu'elle ne continuera pas de le faire.

Ceci dit, rajoutons que cette introduction pour flatteuse qu'elle soit est encore en dessous de la réalité. Nous avons ici un homme complet et non un littérateur de salon. Né à Liège en 1893, après une jeunesse aventureuse, nous le retrouvons engagé dans les Corps Francs au cours de la Première guerre mondiale. Ensuite et tour à tour, il sera paysan, puis scénariste pour le cinéma, avant de publier, vers la quarantaine, un roman : *« Handji »* qui consacrera son talent d'écrivain. Ce parcours intellectuel complexe l'a conduit du dadaïsme au rigorisme catholique mais il a aussi tâté à l'idéologie fasciste et à l'anarchie de droite.

Pour comprendre les évènements de l'époque et la mentalité de la majorité des hommes, il faudrait pouvoir se replonger dans l'atmosphère de ces journées de désastre de 1940 et oublier les cinquante ans de propagande quotidienne que nous venons de vivre.

Pendant la Deuxième Guerre, **Poulet** avait fondé dans son pays un quotidien : *Le Nouveau Journal,* où il milita pour une politique de collaboration conditionnelle (était-ce seulement possible ?) avec l'Allemagne, tout en soutenant le roi Léopold III. Bien sûr, il n'en fallait pas plus pour être arrêté et condamné à mort en 1945.

Dans l'avant-propos de son *Journal d'un condamné à mort* qu'il publiera en 1948 et qui est d'une densité dramatique saisissante, nous lisons ceci : « *Condamné à mort le 3 octobre 1945, mon pourvoi en cassation fut rejeté le 5 novembre et je fus transféré onze jours plus tard au quartier des "morts vivants" en instance d'exécution capitale. Jusqu'à ce moment, aucun condamné n'avait encore été gracié. Beaucoup avaient été exécutés. De temps en temps, un pas se faisait entendre dans les couloirs, peu après la tombée de la nuit. C'était des magistrats et fonctionnaires qui venaient avertir l'un des garçons, mes compagnons de malheur, qu'il serait fusillé le lendemain à l'aube. Alors, un grand silence s'établissait dans l'immense édifice où la nouvelle s'était répandue avec la rapidité de la foudre parmi les milliers d'hommes qui y étaient entassés. Tous les soirs, les oreilles se tendaient, épiant les pas reconnaissables entre tous des messagers de la mort.* »

Ce *Journal d'un condamné à mort* est composé de réflexions philosophiques et de poèmes qui sont tous écrits avec une extrême rigueur. Aucun mot qui ne soit là par hasard, ni le moindre à peu près.

La rose d'acier

Peuples hagards, esprits perdus, ombres blessées...
Je ne peux plus porter le poids de ces pensées,
Trop de spectres aux dents dévorantes me font
Crier comme un pétrel qui heurte sa falaise ;
Faut-il qu'au fond de moi s'amorce, à Dieu ne plaise,
Le grincement qui précède le « chant profond ? »

J'écris, et le papier s'écarte, et sous la plume
L'échafaud resurgit, les buchers se rallument,
Des soldats aux cous nus montent vers les charniers,
Ô ma ferveur jongleuse, ô ma ruse acrobate,
Mon sang jette un reflet dans tous les cœurs qui battent,
Naît avec le premier, meurt avec le dernier.

Un seul, debout au bord de l'abîme d'argile...
O ma fraternité, dompteuse aux poings agiles,
Dans ce regard vertigineux, je suis présent,
Et dans ces pieds crispés, et dans ces psaumes ternes.
... La nuit où les bourreaux promènent leurs lanternes,
Le nimbe sur la mire au dos des paysans.

Et ici, en éclairs fulgurants, extraits de « *La mort de Dieu* » :

... Autour des docteurs arpentant les grèves
Le ciel se durcit, les nuages crèvent,
Des soleils hagards sortent de l'hiver...

Qui ne reste pantois devant de pareils soleils ? Verlaine lui-même se serait incliné. **Poulet**, le 15 juillet 1946, écrira le dernier poème de ce Journal :

Pendant deux cent cinquante jours et deux cent cinquante nuits
J'ai donc attendu le funeste porteur de message.
Deux cent cinquante fois, j'ai prêté l'oreille à certains bruits,
J'ai interrogé certains regards, j'ai guetté certains passages ;
Mon cœur s'est entouré d'airain, mon âme a jeté son défi,
Deux cent cinquante fois... Eh bien, assez, cela suffit !
Allons, je chasse de mon esprit cette pensée grandiose et triste,
Le chant est achevé, le débat clos, le temps révolu.

Frappe-moi, spectre, si tu le veux encore, à l'improviste !
Mais tu ne m'intéresse plus.
Le poteau pourrit, les fusils se rouillent sous la pluie.
Le pathétique m'exaltait et me consternait : il m'ennuie...

Gracié mais condamné à l'exil, **Poulet** s'établit à Paris où il retrouvera au sein des équipes de *Rivarol* et d'*Ecrits de Paris* d'autres grands maudits. Jusqu'à sa mort en octobre 1989, il ne cessa pratiquement pas d'écrire. De ses chroniques acerbes ou désabusées, nous avons retenu les traits suivants : « *Ce qui compte dans l'homme, c'est la qualité de l'instinct.* », « *Les trois principaux caractères de notre époque intellectuelle sont : l'infantilisme, le fanatisme et le conformisme. Ils ne s'accordent pas avec le mouvement mais avec le pourrissement.* » Ou celui-ci : « *Il faut mépriser l'ensemble des hommes pour en estimer quelques-uns.* » Et encore : « *Si l'histoire a vraiment un sens, il est mauvais.* » Et pour finir, ces trois dernières : « *Le pire n'est pas certain, estimait Claudel. Non, mais maintenant il est probable* » et « *La société toute entière sera conforme à sa devise : liberté, égalité, vulgarité.* » et encore : « *La liberté d'opinion n'existe plus dès lors qu'on a le choix entre une opinion qui coûte et une opinion qui rapporte.* »

Mais oui, nous vous entendons toujours :

Bien qu'ils ne fussent sans doute que des poètes et poétesses que l'on qualifie parfois de « mineurs », d'autres que ceux déjà cités dans cet opuscule connurent aussi les geôles de Fresnes à la fin de la guerre. A ce titre, ils participèrent également à l'édification de cet édifice poétique qui est connu sous le nom : « *Les poèmes de Fresnes* ».

Pierre Virondeau, alias **Jacques Berthaud**, hésita longtemps entre deux appels : celui de la marine ou l'entrée dans les ordres religieux. Finalement, c'est dans le journalisme qu'il trouvera sa voie. En littérature, il eut deux maîtres : Charles Maurras et Frédéric Le Play mais deux rencontres l'influencèrent aussi : **Brasillach** et Henri Béraud. Démobilisé en 1940, il est recruté au « Radio Journal » où il se lie d'amitié avec **Jean Hérold-Paquis** et Jean Luchaire. Il était aussi un bon caricaturiste. Son style fut marqué par Céline, mais Paraz et Genet semblent l'avoir influencé aussi. Arrêté à la Libération, il fut condamné à perpétuité le 21 février 1946 mais sera libéré quelques années plus tard. Il reprendra sa plume de journaliste en province et, malheureusement, se tuera dans un accident de voiture survenu le 16 décembre 1971.

Chez les poétesses, deux sœurs, **Marguerite Fizet**, enseignante, et **Augusta**, artiste lyrique, connurent aussi Fresnes à cette époque. Elles furent condamnées respectivement le 18 décembre 1946 à 5 et 15 ans de travaux forcés. Toutes deux furent marquées par la fin tragique de Fernand de Brinon, fusillé pendant leur séjour à Fresnes et à qui elles dédièrent de naïfs poèmes d'hommage ; l'émotion compensant la rigueur littéraire parfois défaillante.

Il est une autre poétesse pour qui J.-P. Hamblenne vient de rééditer une plaquette : *« Solitudes »* dans la collection : *Les poètes à Fresnes autour de Robert Brasillach.* Il s'agit de **Suzy Verneuil** et, malheureusement, nous ne connaissons rien de sa vie. Dans des poèmes, parfois d'inspiration saphique et toujours de grande qualité, elle nous décrit la vie carcérale de ce temps :

Le long fourgon lugubre approche,
Il sort de la cour lentement,
L'instant est lourd, la mort est proche,
Mais les martyrs s'en vont gaiement.
Quand vous dormirez, camarades,,
Ce soir dans l'humide fossé,
Si la terre vous semble fade
L'air, du moins, sera encensé.

On a beau tenter d'établir la liste la plus complète possible et en n'omettant aucun poète, qui sont, comme nous en avertissait déjà Homère, « gens irascibles », on oublie toujours quelqu'un. Que **Charles Maurras** veuille bien nous excuser ici. L'idée de le comparer à un poète mineur ne viendra jamais à personne. En un temps où la poésie était beaucoup plus appréciée et pratiquée qu'elle ne l'est aujourd'hui, il eut l'occasion de démontrer sa maitrise. *« Les quatre poèmes d'Eurydice »,* publiés en 1937 témoignent en ce sens. Ici, nul a peu près, rien qui ne soit à sa juste place et qui n'aie la plus précise des significations. De l'ouvrage de ciseleur. Dans sa jeunesse, en Provence, il avait fondé un groupe de poètes écrivant en provençal : « *Les félibres* » et le Félibrige reste toujours un mouvement littéraire important dans nos pays de langue d'oc. Le Félibrige, d'ailleurs, nous conduira un peu plus loin à un autre grand maudit, frappé peut être de la malédiction la plus lourde de tous les poètes damnés, celui qui est devenu comme on le verra plus loin, y compris dans son village : « l'inconnu de Lourmarin ».

Maurras, comme beaucoup d'autres en 1940, avait cru de son devoir de patriote de venir serrer les rangs autour du maréchal Pétain. Bien que de notoriété publique il fut toujours un germanophobe avéré, cela ne l'empêcha pas, à la Libération, d'être condamné à perpétuité pour « intelligence avec l'ennemi » ! Cette condamnation entraîna aussi son exclusion de l'Académie Française, exclusion que connut aussi **Abel Bonnard**, pour ne citer que ces deux là. Autrefois, il faut bien le dire, les vainqueurs savaient se montrer plus généreux.

Voici quelques vers de **Maurras** :

O toi que nous appelions Terre-Mère

O toi que nous appelions Terre-Mère,
D'où vient ton vol contraire à mon amour ?
Je suis né, je suis fait pour la lumière,
Accorde moi d'éterniser le jour.

Equilibré dans la clarté profonde
Qui nous sauvât des nocturnes horreurs,
J'ai renversé la manœuvre du monde
Et l'ai soumise à la loi de mon cœur.

Vieillir sans restes

Quand au vent du déclin les cendres se soulèvent,
En heureux tourbillons vers les cieux bien aimés,
L'âme reste jonchée des désirs et des rêves
Que la flamme a mordu mais n'a pas consumés.

Comme le Maréchal, il ne fut libéré, sur grâce médicale, que peu de temps avant sa mort qui surviendra le 16 novembre 1952.

D'autres plumes, très célèbres à l'époque comme **Lucien Rebatet**, l'auteur des *Décombres,* le plus grand succès de librairie des années d'occupation, et **Pierre-Antoine Cousteau** – dont les écrits de polémiste n'ont pas pris une ride aujourd'hui – connurent aussi les misères de cette époque, y compris les chaînes et fers des condamnés à mort, avant d'être graciés par Vincent Auriol. De la prison de Clairvaux (janvier à décembre 1950), ils nous donnèrent ce *Dialogue de « vaincus »*. Ce même **Cousteau**, qui était aussi et ceci est moins connu, le frère du commandant Cousteau de la célèbre *Calypso*, écrivit également, préfacé par son vieux compagnon Rebatet, un autre recueil de souvenirs de cette époque : « *En ce temps-là* ». Un style éblouissant et qui fuse dans toutes les directions ! Il nous rapporte le mot de Georges Suarez, écrivain et journaliste, directeur du quotidien *Aujourd'hui* pendant l'Occupation et qui fut le premier journaliste fusillé. Devant le peloton d'exécution, il avait refusé le bandeau sur les yeux : *Ah, non ! Je veux voir « ça » jusqu'au bout !*

La publication de *« Affres, dix poèmes aux gémonies »* après la guerre, outre **Robert Brasillach** et **Jean Hérold-Paquis** dont nous avons parlé plus haut, révèlera huit autres poètes : **Robert Le Vigan**, **Guy Crouzet**, **Jean Mamy**, **Roland Bouvard**, **Serge Morzine**, **Roger Duffaure**, **Gabriel Bernard** et **Pierre Bellino**.

Guy Crouzet était journaliste et il collabora au journal de Jean Luchaire : *« Les Temps Nouveaux »*. Quelles relations eut-il exactement avec **Robert Brasillach** sur le plan littéraire ? Nos informations à ce sujet demanderaient confirmation. Voici quelques strophes d'un poème qu'il écrivit à Fresnes en 1946 :

Justice est faite

Quand arrive l'échéance
Et le départ sans adieux
Il se fait un grand silence,
Un silence à tenter Dieu.

Et bientôt mon camarade
Tes pas au vide couloir.
Un dernier chant de bravade
Qui décroit comme un espoir.

Là-bas referment leur porte
Les éclusiers de la mort,

Là-bas un cortège emporte
Le gagnant du mauvais sort.

La grande halte est finie,
Le gouffre étrange est comblé,
Fresnes se rouvre à la vie
Dans un claquement de clefs.

De Robert Le Vigan, on sait surtout qu'il fut un très remarqué comédien et que les personnages qu'il avait incarnés ne s'oubliaient plus. Dixit Colette qui avait pour lui la plus vive admiration. Il fut l'ami de L.-F. Céline qu'il accompagna en Allemagne avec Lucette Almanzor et le chat Bébert qui lui appartint, dit-on. Juge implacable dès lors qu'il s'agissait de style littéraire, le grand Céline ne lui avait pas accordé son amitié sans quelques raisons. Ici, c'est le poète qui nous intéresse et il suffit de lire quelques lignes de lui pour voir qu'il ne s'agit pas de vers de mirliton. Oh, que non. Ce qu'on peut lui reprocher, peut être, c'est que souvent son hermétisme est tel qu'il faille le lire avec un dictionnaire. Mais, passé cet écueil, l'agencement des mots est si ordonné, la musique qu'ils rendent est telle, qu'il emporte l'adhésion. Indéniablement, il s'agit bien d'un poète aux mots très savants. Exemple :

Férus de futur ; fédérés fasciés fustigés ;
Rhéteurs en ressuis ; rénitents renoms récusables ;
Epoux de l'Europe ensilée, escients égrugés !
Sourdez en secret vos surgeons spectraux sous les sables.
Nous n'irons nûment que nouant nos noms négligeables
En éthique étanche ; elfes enlacés, érigés
Sur leurs stands sanglants ; synergie secte secourable.

Des mots… (extrait)

Des mots pour une poésie
Ce sont toujours des mots pour rien
Et ces mots sont une hérésie
Tant rien se gêne avec ces riens.

Immobiliser sa pensée
Dans une forme et pour un jeu
De malaisance compassée
C'est labeur d'innocent verbeux.

L'esprit comptable de ses pertes
Garde ses représentations
Et n'évalue ses découvertes
Aux prix de ses démonstrations.

Comme un grand soleil en ciel libre
S'il semble fixe il est pourtant
L'unique théâtre où tout vibre,
Le vrai, le faux concomitants.

En fantaisie infranchissable.
– Si j'ai commis ces derniers vers
C'est pour me montrer incurable
J'écris mon tort... et à travers.

(Fresnes, juillet 1946)

Robert Le Vigan est mort dans la plus totale misère, exilé en Argentine, en 1962.

Sur **Jean Mamy**, *Wikipédia* nous apprend qu'il fut régisseur et acteur au Théâtre de l'Atelier, chez Dullin, de 1920 à 1931. Là, il crée plusieurs pièces, dont *Knock* et *Six personnages en quête d'auteur.* Belles références. A cette époque, il se situe politiquement à gauche. Franc-maçon, il était Vénérable de la loge Renan au Grand Orient de France.

La débâcle de 1940 le bouleverse tant qu'il se jette à corps perdu dans le journalisme de collaboration. Le voilà rédacteur en chef de *« L'Appel »* de Pierre Costantini. Il a adhéré au P.P.F. et se place en pointe dans la lutte contre la franc-maçonnerie dont il avait pourtant fait partie. En août 1944, sa mère ayant été arrêtée par les F.F.I., il se constitue prisonnier. Jugé et condamné à mort en décembre 1948, à une époque où pourtant les passions liées à l'Epuration commençaient enfin à s'estomper, il sera le dernier fusillé de cette Epuration en mars 1949. En 1963, son fils fera publier en Suisse les poèmes qu'il a écrit à Fresnes, sous le titre : *« Les barreaux d'or »*. Voici, daté du printemps 1945 :

Ballade

Pour Christ, combien, dans la haine,
Sont tombés rois et nobles gens ?
Jeanne Romée, bonne Lorraine,
– Oyez le procès de Rouen –
Louis Seize et Marie notre reine,
Et d'autres de bon souvenir,
Aux yeux la flamme souveraine !
Qui meurt pour Dieu, meurt à plaisir.

Chénier, d'Ayen, les deux Noailles,
Et le dauphin dedans sa tour.
(Les secrets des vieilles murailles
Réveillent de sombres tambours).
Le ciel est clair sur la racaille
Qui ne voit anges frémir ;
Voici les rouges épousailles,
Qui meurt pour Dieu, meurt à plaisir.

Aujourd'hui le même vent souffle ;
Il coule encore le sang nouveau.
Survive au grondement des gouffres
L'éclair vivant de nos drapeaux.
Bourgeois, aux prudentes pantoufles,
Sur vous soit honte d'applaudir :
« On a fusillé ce maroufle ».
Qui meurt pour Dieu meurt à plaisir.

Envoi
Prince de paix et de patience,
Amour qui ne fait plus mourir,
Pardonne aux bourreaux leurs offenses !
Qui meurt pour Dieu meurt à plaisir.

De **Serge Morzine** nous ne savons rien d'autre que le poème publié dans « *Affres* ». Voici quelques extraits d'*Orage d'avril* :

C'était la guerre.
La chair de l'aventure parfumée de périls
S'était ouverte comme une femme
Nous avions dépouillé nos âmes
Pour un étrange écu de sable
Avec nous riait et galopait le diable
Ukraine Hongrie Caucase Attique
La loi du pistolet automatique
Commençait à régner ici-bas
En Vendômois comme à l'isba.

Quelques vers seulement, mais très propices au vagabondage de l'imagination.

Outre le poème *Lune triste,* dont nous donnons quelques extraits ici, **Roger Duffaure** est également l'auteur des illustrations en marge tout au long de *Affres.* Ces illustrations, pour révélatrices qu'elles soient des obsessions des prisonniers de Fresnes, restent d'une élégance très pudique :

La cloche d'un jardin qui ferme...
....
Nous pleurons un monde à son terme
Sous la lune triste.

Reverrons-nous le gai printemps
Reverrai-je tes yeux qui aiment
Et tes mains où le grand poème
De notre avenir si tremblant
S'inscrit en lignes roses ?

Reverra-t-il aussi ses chaumes
Ses bois et sa maison rustique,
Celui déjà mort pour les hommes,
Malheureux pleurant son éthique
Morte et pourtant vraie ?

Deuil d'automne sur cette nuit
Où rode l'âme qui murmure,
Où prie la feuille qui frémit,
Pour que là haut d'une blessure
Coulent des étoiles.

Voilà, chers amis. On m'objectera peut être que parmi les derniers gens de lettres cités, avant d'être des taulards ou martyrs, tous n'étaient pas officiellement des poètes reconnus. Mais toujours d'après Homère, il n'est pas nécessaire de rimailler pour cela. Qui pourrait dénier à L.-F. Céline d'avoir fait chanter la page ? Il n'est peut être pas classé par ceux qui se targuent d'établir les anthologies parmi les poètes aujourd'hui, mais qu'est ce que cela prouve ? La part de malédiction qu'il eut à supporter, qui la nierait ? Pour beaucoup, « *Le Voyage* » compta autant que « *L'Odyssée* ». Alors, poète ou non, qui peut le dire ? En tout état de cause, Céline est un tel géant que nous ne nous sentons pas suffisamment qualifiés pour parler de lui. Notre but était surtout de remettre en mémoire ceux qui furent si facilement oubliés et qui semblent comme s'excuser de voir quelques uns de leurs vers se rappeler à notre souvenir. Un bon exemple étant peut-être ces mots, qu'on retrouva gravés sur les murs de la cellule occupée par le journaliste **André Algaron**, du *Petit Parisien* dans le quartier des condamnés à mort de Fresnes où il fut emprisonné puis gracié en même temps que P.-A. Cousteau et Rebatet par Vincent Auriol, quelques mots seulement, mais qui resteront dans nos cœurs aussi sûrement que sur le mur de Fresnes :

Dans le bonheur, les années passent comme des minutes,
Mais la souffrance semble tissée avec du fil d'éternité...

Ballade de la geôle de Fresnes

Tiens, voici un autre poète oublié et il nous faut sans délai réparer cette injustice. Bien que son séjour entre ces murs sinistres n'ai pas été parmi les plus éprouvants ni les plus longs parmi les poètes cités plus haut, sans son nom la liste des « poètes de Fresnes » ne serait pas complète. Avoir été admis dans ces lieux à la grande époque lui ouvre toutes grandes les portes du club. Bienvenue à **Louis Truc**.

Découvrir le talent de poète de **Louis Truc** est une bien agréable surprise. Que le grand **Robert Poulet** l'admette sans discussion dans le cénacle des talentueux poètes est en soi une référence. Il suffit pour être d'accord avec lui de lire cette « *Ballade de la geôle de Fresnes* » dont il est l'auteur. Non, non, **Truc** n'est pas à cette place par erreur ou par faveur. Nul n'a mieux décrit que lui ce Noël 1944 ni la vie des taulards en ces cellules surpeuplées.

Personne non plus n'était mieux placé que **Sacher Basoche** pour écrire la préface de cette ballade, puisque ce **Sacher Basoche** était un pseudonyme de **Louis Truc** pour les chroniques judiciaires qu'il donnait à *Rivarol* à l'époque. Ce **Sacher**, qui malgré cette appellation équivoque n'était pas plus maso qu'un autre, devait encore avoir en mémoire la dureté des sols des cellules de Fresnes qu'une maigre paillasse ne devait atténuer que très imparfaitement. Non plus que le froid de cet hiver 1944-1945. Personne non plus mieux que lui n'a exposé les problèmes de conscience qui pouvaient se poser à ces hommes après le choc de la défaite :

(...) Qui peut prétendre tout prévoir,
Et doit-on fusiller un homme

Dont l'unique crime est, en somme,
De s'être trompé de devoir ?

S'être trompé de devoir ! Beaucoup l'avaient certainement pensé mais **Louis Truc** eut le mérite de l'écrire. A cette époque, il devait être très facile de se tromper de camp et donc de devoir. Ceux qui comme **Demessine** ou Christian de La Mazière s'étaient engagés pour combattre sur le front de l'est avaient sûrement quelques excuses à faire valoir. Sans oublier, non plus, les soldats égarés que fit fusiller Leclerc. Quel homme ne s'est jamais trompé dans sa vie ? Et comme cela devait être facile en ce temps là !

Le poète nous dit se souvenir parfaitement de cette soirée du 5 janvier 1945 qui vit sa levée d'écrou, puisque cette date de remise en liberté coïncide avec celle de Tino Rossi, inculpé comme lui sur une dénonciation sans fondement et remis discrètement en liberté. Avait-on reproché à Tino d'avoir chanté son *Petit papa Noël* en allemand ? Allez savoir ! Il y eut tant de dénonciations plus absurdes et mesquines les unes que les autres. **Louis Truc** était bien d'accord là-dessus. Et tant de résistants de la vingt-cinquième heure qui avaient à démontrer leur patriotisme par un civisme pointilleux...

Ballade de la geôle de Fresnes (extraits)

Vingt huit fenêtres par étage
Font cent douze fois neuf barreaux !
Quel architecte fou de rage
A pu dans ses calmes bureaux
Dresser les plans de cette cage ?

La cellule ? Quatre murs nus
Rongés de croutes de salpêtre.
Il suffit de trois pas menus
Pour se rendre de la fenêtre
Au coin des besoins ingénus.

Au canif ou d'un clou tenace,
De mauvais garçons obstinés
Marquèrent au mur noir de crasse
Sous quelle étoile ils étaient nés.
Eux, du moins, étaient à leur place.

Faire rire mine grondeuse
Molière l'a dit mieux que moi –
Est une entreprise hasardeuse,
Je n'eusse jamais cru, ma foi,
Quelle fût, de plus, dangereuse.

J'ai mis en dialogues comiques
Des histoires de tribunaux ;
J'ai négligé la polémique
Pour n'envoyer à mes journaux
Qu'une anodine rhétorique,

Tel est le crime essentiel
Qui me vaut une injuste peine.
Pourtant j'atteste ici le ciel
Que je n'en garde nulle haine,
Mon cœur reste pur de tout fiel.

Vois, le ciel par les soupiraux,
Dispense une lumière blême.
On oublie gardes et bourreaux
Et le pénitencier lui-même :
La nuit cache au moins les barreaux !

Allons, compagnons d'infortune,
Il faut dormir, puisque tout dort !
Sur les toits de Fresnes, la lune
Sarcle, en bonne faucille d'or,
Les étoiles, l'autre après l'une.

Ballade du Noël maudit (extraits)

C'est comme on dit, temps de saison,
Tout là-bas, la brume incertaine
Estompe un trop proche horizon.
Triste jour et triste semaine...

Morne campagne suburbaine...
Le soleil même rend plus noir
L'aspect désolé de la plaine :
C'est le Noël du désespoir.

L'ennui, lent et subtil poison,
A tissé sa trame malsaine
Sur chaque mur de la prison.
L'image fugitive et vaine
D'une femme chère et lointaine
Pèse plus lourdement ce soir.
Le cœur moud sa vieille rengaine.
C'est le Noël du désespoir.

Encor ce bruit dans la maison ?
C'est une rumeur souterraine
Qui monte à travers la cloison,
Un cliquetis de fers qu'on traîne...
Vêtu de bure et de futaine,
Lugubrement dans son dortoir,
Un mort-vivant tire sa chaîne.
C'est le Noël du désespoir.

Prière (extraits)

J'ai péché, j'en conviens, par manque d'espérance,
Mais sans m'en prévaloir et sans profit pour moi ;
Et lorsque j'ai douté des destins de la France,
Je n'ai point monnayé mon douloureux émoi.
Qui croire ? Londres ? Vichy ? Rome ?
Lorsque l'avenir est si noir
Qui peut prétendre tout prévoir ?
Et doit-on fusiller un homme
Dont l'unique crime est, en somme
De s'être trompé de devoir ?

Le journaliste, sous le pseudonyme d'**Ange Pitou**, écrivait des chroniques judiciaires très appréciées des lecteurs, surtout pour les commentaires amusants qu'il savait introduire dans les débats. Mais devant les grands procès de la Libération où l'honneur du pays était si aisément en jeu, sa plume savait devenir vengeresse. Voici un sonnet qu'il dédiât : « *A Personne, pour ne pas tomber sous le coup de la loi* ».

Le corbeau

C'est un très vieil oiseau, dont le chef déplumé
Semble porter le poids d'un passé centenaire.
Il a dû naître avant le Dix-huit Brumaire
Et semble un fossoyeur grotesque et enrhumé.

Pour lui, sur les charniers, flotte un air embaumé.
L'Europe est, à ses yeux, un chantier militaire
Où, constamment, mijote un banquet funéraire,
Un « Foyer du Corbeau » qui n'est jamais fermé.

Il vient, sans trop savoir, de revenir en France,
Comment trouvera-t-il pâture et suffisance ?
Mais un bruit qu'il entend, soudain, l'a soulagé.

Il fait claquer son bec, arrondir son œil rouge,
Et dit : « Allons, tant mieux ! Ici, rien n'a changé ! »
Puis prend son vol, joyeux, du côté de Montrouge.

C'est au fort de Montrouge, rappelons-le, que furent fusillés **Robert Brasillach**, **Demessine**, **Jean Hérold-Paquis** et tant d'autres... Voici, sur le procès Pétain :

La Haute Cour allait, sous l'insulte ou le rire
Sombrer au gouffre du Passé.
Le bon sens commandait d'enterrer sans rien dire
Le vieux soldat qui s'effaçait.
Mais ils ont préféré, réveillant de leur cendre
Les Torquemada révolus
Donner au monde entier l'occasion d'entendre
Les cris haineux de nos élus.
Quel est donc l'insensé qui peut s'assoir sans crainte
En robe rouge et noir bonnet
Dans un fauteuil qui garde à tout jamais l'empreinte
D'un Mongibeaux ou d'un Mornet ?

Tels s'en vont aujourd'hui sous la pourpre ou l'hermine
Ployant comme des épis murs,
Qui bientôt traineront le remord qui les mine,
Tête basse, et rasant les murs !

Et cet autre poème sur le même sujet dont le titre, une fois décrypté, brille sans la moindre pitié :

« Les Deux Potaux »

Quand le Pourvoyeur des charniers
Descendit vers les sombres rives,
On vit les infernaux sentiers
Se dépeupler d'ombres plaintives.
Le triple Cerbère écumant
Fit entendre un triple hurlement.
Caron, sans dire une parole,
Dans le Styx jeta son obole.
Le peuple au complet des esprits
Tint à bien marquer son mépris :
En le voyant, Fouquier-Tinville
Détourna sa paupière hostile ;
Capeluche eut l'air irrité ;
Sanson prit un air dégoûté ;
Marat pinça sa lippe austère
Et Ganelon crachat par terre.
Cauchon même tourna le dos
Au nouvel hôte des tombeaux !
Quant à lui, blême sous l'outrage,
Il passait, grognant dans sa rage :
« – Moi qui peuplait ce pays-ci,
Etre accueilli comme ceci !
On n'a guère en ces lieux, je pense,
Le sens de la reconnaissance !
Ce n'est pas ainsi, sur l'honneur,
Que l'on reçoit un fournisseur ! »
Enfin, quelqu'un, la main tendue,
Vint souhaiter la bienvenue,
Qui, pour ce défunt réprouvé

Etait le compère rêvé.
Tous les deux se congratulèrent
Puis, toujours par deux, s'en allèrent,
Et sur leurs pas, l'Enfer grondait :
« – Mongibeaux reçoit son gibet ! »

La chute, autant que le titre, auront éclairé le lecteur. Finalement, cela ne nous gêne pas que les poètes de notre camp ne figurent pas sur les listes officielles des poètes maudits puisque ni le talent ni l'auréole du martyr ne leur manquent. Et la chose a l'avantage de nous éviter des fréquentations moins glorieuses ou des comparaisons sans intérêt. Oui, c'est sans doute même beaucoup mieux ainsi.

L'inconnu de Lourmarin

J'avais d'abord pensé écrire un simple article consacré à tous ces rejetés d'une société qui croyait retrouver une certaine dignité en se montrant impitoyable avec quelques boucs émissaires, poètes maudits dans les faits mais non reconnus officiellement. Mais tout ceci remontait assez loin dans le temps et je me demandais même dans ma naïve ignorance qui, à part **Brasillach** et **Abel Bonnard**, j'allais pouvoir citer. Je craignais, en effet, que cet article ne soit trop court, faute de grain à moudre. Je ne pouvais mieux me tromper.

J'avais cependant réalisé que lorsque la mise à l'écart puis le rejet frappent les poètes, en règle générale, cela tient au fait qu'ils eurent le tort d'appartenir au camp des vaincus, de s'être trompé de cause. Les vainqueurs du dernier grand conflit ont la dent dure et la mémoire longue. La chape de plomb qui recouvre les événements de la « libération/épuration » étant toujours en place, aujourd'hui, sorti des vérités officielles, le mot d'ordre est : « *Circulez, y a rien à voir, rien à savoir* ». Et conseil de prudence pour les derniers témoins qui pourraient encore parler : on est si vite diabolisé de nos jours. Seul Internet et ses moteurs de recherche non censurés pour le moment (mais quand on voit ce qui se passe en Chine en ce moment avec Google, on voit bien que la censure est possible et que cette liberté ne va pas durer éternellement), seul Internet donc, permet encore de trouver des fragments de documentation autre que les vérités moralisatrices officielles qui sont assénées partout.

Dix fois, j'ai cru mon article bouclé. Et dix fois, un peu comme un remous de la marée fait apparaitre avec un paquet d'algues quelques débris insoupçonnés, dix fois est venu se rappeler à moi un nom ou un épisode méconnu ou disparu de ma mémoire. Le dernier noyé à remonter du fond des eaux, le dernier martyr – et ici je dis bien : martyr – se nomme **Noël Nougat**, connu en littérature sous le pseudonyme de **Noël Vesper**. Et celui qui incidemment le fit remonter en surface fut l'ami Angelelli dans son article de *Rivarol* sur Camus à Lourmarin. Je suis un peu honteux de cette découverte tardive puisque **Vesper**, comme moi, est un enfant du Lubéron, cette barre de collines rocheuses qui ne dépasse guère les soixante kilomètres de long. Nous étions donc voisins et j'ignorais tout de lui. On m'accordera l'excuse que nous n'étions pas de la même génération ni de la même église, mais peut être mieux qu'un long discours, cette ignorance illustre bien le mur de silence qui cache les horreurs ou les hontes de cette « épuration ».

Sous le vernis officiel, qui donne bonne mine à nos démocraties, se dissimulent beaucoup de mensonges. Et sur certaines tragédies, des silences de leurs parts qui ne valent pas mieux.

On peut penser que lorsqu'il écrivit *Le jugement des juges* au cours des derniers jours qui lui restaient à vivre, **Robert Brasillach** ne visait pas seulement les juges, simples engrenages de transmission de la volonté de nos maîtres à dire le bien et le mal tel que ceux-ci l'entendent. Et qui se soucient peu, dans le fond, que justice soit ou non rendue. Ce qu'ils veulent, c'est que leurs volontés traduites dans des lois bien ficelées et assemblées en un code soient exécutées, les juges étant là pour faire appliquer ce code. Point final, inutile de chercher ailleurs.

Au-delà des « toques noires et des robes couleur de sang » de l'apparat judiciaire, c'est toute notre société que visait **Brasillach** : depuis l'appareil policier jusqu'aux fusilleurs et quelque part entre les deux : les juges et les geôliers, simples courroies veillant au bon ordre de choses.

Présentation biographique de quelques poètes évoqués dans cet ouvrage

(établie par l'éditeur)

(sauf mention expresse, notre source principale est le *Dictionnaire de la Politique Française* d'Henry Coston, complété le cas échéant par nos soins).

Robert BRASILLACH

Ecrivain journaliste, né à Perpignan le 31 mars 1909. Issu d'une famille du Roussillon, Il fit ses études secondaires à Sens. Puis il fut, au lycée Condorcet à Paris, l'élève d'André Bellessort, et à l'Ecole Normale Supérieure, le condisciple de Jacques Talagran (qui ne s'appelait pas encore Thierry-Maulnier), de Paul Guth et de Maurice Bardèche, son futur beau-frère. Il collabora très tôt à *L'Action Française* vers laquelle ses convictions nationalistes le portaient, et plus tard, au *Jour* et à Je *Suis Partout*. En 1938, il devint le rédacteur en chef de ce journal fameux dans les annales de la presse fasciste, que dirigeait Pierre Gaxotte et dont Fayard était l'éditeur. Mobilisé comme lieutenant en 1939, il fut fait prisonnier. L'amiral Darlan obtint sa libération en 1941.

Dès son retour, Robert Brasillach reprit la lutte à la tête de l'équipe de *Je Suis Partout* et entreprit de dénoncer, avec sa fougue habituelle, les responsables du désastre. En 1943, il donnait sa démission, « refusant, expliqua-t-il plus tard devant ses juges, de cacher plus long temps à ses lecteurs la situation critique des puissances de l'Axe ». Son procès, après la Libération, fut l'un de ceux qui passionnèrent au plus haut degré l'opinion. L'accusé, pour justifier son attitude, fit valoir en premier lieu la légitimité du gouvernement de Vichy, l'Assemblée nationale ayant délégué librement et régulièrement tous pouvoirs au Maréchal. Le commissaire du gouvernement, Reboul, conclut en réclamant la peine de mort. Le défenseur, Jacques Isorni, essaya par tous les moyens de sauver Brasillach. Mais le général de Gaulle rejeta le recours en grâce présenté par Jacques Isorni et le 6 février 1945, à 9 h 38, le jeune écrivain tombait sous les balles d'un peloton de gardes mobiles au fort de Montrouge.

Abel BONNARD

Homme de lettres, né à Poitiers, le 19 décembre 1883, d'une famille d'origine corse. Il reçut en 1905 le 1er Prix national de poésie fondé par le ministère de l'Instruction publique, en 1909 le Prix Archon-Desperousses, et en 1925 le Grand Prix de Littérature de l'Académie francaise. En 1932, il succéda à Charles Le Goffic sous la coupole. Auteur de « *La vie amoureuse d'Henry Beyle* », de « *Saint Francois d'Assise* » et d'un grand nombre de récits de voyages, de notes et de maximes, il écrivit, peu avant la guerre, un ouvrage politique: *Les Modérés* (1936), qui fit impression. Il collaborait alors au *Figaro,* après avoir donné des chroniques au *Gaulois* et à *La Revue de Paris.*

Il était considéré comme un « homme de droite », depuis qu'il avait collaboré au quotidien fasciste de Georges Valois: *Le Nouveau Siècle* (1925), et qu'il avait figuré parmi les dirigeants du *Rassemblement National* (1937). Il eût connu de très graves ennuis à la Libération s'il n'avait pas gagné l'étranger en temps opportun. Il fut mis à l'index par la *C.N.E.* et exclu de l'Académie francaise en raison de sa participation au gouvernement du maréchal Pétain – il fut ministre de l'Education nationale et de la Jeunesse de 1942 à 1944 –, de sa qualité de membre du Conseil national de Vichy, du patronage donné aux conférences de

La *Gerbe,* de sa collaboration au *Petit Parisien* et des relations qu'il entretenait avec le *P.P.F.* de Jacques Doriot. A partir de 1945 il vit en Espagne où il mourra le 31 mai 1968.

Jean HÉROLD-PAQUIS (Jean HÉROLD, dit)

Journaliste, né le 4 février 1912, à Arches (Vosges). Orphelin de bonne heure, il entra très jeune dans le journalisme et collabora à divers journauxde Nancy et de Paris *(L'Eclaireur de l'Est, L'Intransigeant, Le Jour,* etc.). Au moment de la guerre d'Espagne, il prit parti pour les nationalistes et ne tarda pas il les rejoindre (1937). Il combattit dans les rangs franquistes, puis après une grave maladie qui le fit réformer, il devint *speaker* à *Radio-Saragosse.* Rentré en France en décembre 1939, il s'engagea, malgré sa mauvaise santé, et fit la « drôle de guerre » dans l'arme choisie par lui: le canon de première ligne, le 47 antichars. Après l'Armistice, il collabora quelque temps à *L'Eclaireur de Nice,* puis fut nommé délégué à la propagande par le président Laval.

Acquis depuis quatre ou cinq ans aux idées fascistes, il ne cachait pas ses sympathies pour le national-socialisme. Il rejoignit bientôt la cohorte des partisans de la « nouvelle Europe ». Il s'inscrivit au *Parti Populaire Français* de Jacques Doriot, dont il fut l'un des orateurs les plus écoutés. Tout en collaborant à la presse parisienne, il prit la parole dans les meetings de la *L.V.F.,* de *Jeune Europe* et du groupe *Collaboration.* notam-

(1) Selon le Premier président Pailhé, Hérold-Paquis, rentré à Paris en décembre 1941, fut « *présenté par Du Chastain au lieutenant Morenschild, directeur allemand du Radio-Journal de Paris* » qui le nomma rédacteur le 4 janvier1942 (cf. « *Les Procès de la Radio* », par Maurice Garçon, Paris, 1947, p. 144).

ment aux Sociétés Savantes, à la Mutualité, au Vel'd'Hiv' et au Gaumont. Mais c'est au *Radio-Journal de Paris* – où il succéda en 1942 (1) à René-Louis Jolivet, un jeune avocat qui animait, en 1930-1932, les *Etudiants Bonapartistes* que Jean Hérold-Paquis connut la notoriété. C'est aussi comme *speaker* à ce poste, puis à *Radio-Patrie,* à Bad-Mergentheim, qu'il s'attira les plus solides haines : l'homme qui, pendant des années, avait répété inlassablement la phrase fameuse du général Hoche: « *L'Angleterre, comme Carthage, sera détruite* », ne pouvait échapper au sort qu'il semblait avoir lui-même prévu lorsqu'il disait à ses auditeurs : « *Nous préférons la mort du partisan, soldat ou non, à la mort du bourgeois* ». Il échappa à un attentat (1944) – où deux de ses secrétaires furent grièvement blessées – mais pas à la fusillade : condamné à mort, sur réquisitoire du procureur général Boissarie, par la Cour de Justice, il fut exécuté le 11 octobre 1945 au fort de Châtillon. Outre divers recueils d'éditoriaux, dont « *L'Angleterre comme Carthage...* » (1943), « *Paroles en l'air* » (1944), il laisse un livre de souvenirs écrit dans sa prison « *Des illusions... Désillusions* » (Paris 1948).

Robert POULET

Robert Poulet est né le 4 septembre 1893 à Liège.

Il fait des études d'ingénieur des Mines à l'université de Liège. Volontaire durant la Grande Guerre, il sert dans les corps francs.

Il devient paysan, puis tente sa chance comme scénariste de cinéma. C'est seulement passé la quarantaine qu'il acquiert une notoriété d'écrivain, grâce notamment à son roman *Handji*.

En 1940, une fois la Belgique occupée, Robert Poulet se rallie à une collaboration conditionnelle : Hitler et l'Allemagne, pourquoi pas? Mais le roi Léopold et la Belgique avant tout ! Il accepte le poste de rédacteur en chef du « Nouveau Journal » et se voit en maître à penser d'une sorte de « révolution nationale à la belge ».

C'est à cette époque que naît entre lui et Hergé une amitié qui ne manquera pas de s'approfondir avec les épreuves et qui durera jusqu'à la mort du dessinateur.

Il disparaît des colonnes du quotidien au début de l'année 1943 lorsque ses amis choisissent de soutenir Léon Degrelle.

Robert Poulet est arrêté lors de la libération de Bruxelles et se retrouve aussitôt incarcéré. En octobre 1945, il est condamné à être fusillé en place publique : il passera six années en cellule sans que la sentence soit exécutée. Il est finalement libéré en 1951 mais contraint à l'exil. En France, en plus de ses travaux d'éditeur et d'écrivain, il devient le critique littéraire de *Rivarol*.

Robert Poulet succombe, le 6 octobre 1989, à une insuffisance cardiaque dans son appartement de Marly-le-Roi. Trois semaines plus tard, sa femme se donne la mort.
(source : http://la-flamme.fr/).

Louis TRUC

Journaliste, né aux Arcs-sur-Argens (Var), le 17 septembre 1904. Fils de l'écrivain Gonzague Truc. Rédacteur à *L'Ami du Peuple* (1936) et au *Petit Journal* (1937), chroniqueur judiciaire au *Cri du Peuple* (1942-1944) et à *Rivarol*, sous le pseudonyme de **Sacher Basoche** (à partir de 1952), il collabora également à *Aspects de la France*, où il signait **Ange Pitou** des papiers mordants. Il appartient à l'Association de la Presse monarchique et catholique des départements. Au cours du dernier quart du siècle, Louis Truc a publié « *Tristes sires et gais lurons* » (Prix du quartier Latin 1946), « *MM. De Vendôme* », « *Tréteaux galants* », « *Aux Autels de Séiéné* » (Prix Hinzelin 1965), « *Avec rime et raison* », « *Le Bestiaire* », « *Le général épinglé* », « *Histoire et légende de Louis XVII* », etc. Membre de l'Académie du Var, il est décédé à Toulon le 25 septembre 1973.

« Une tombe perdue dans la sauvage grandeur du Lubéron, si loin – et tellement au dessus de cette foule – ignore les visites. Nous avons pu constater qu'elle est dans l'abandon le plus total. Mais, dans sa solitude majestueuse, c'est la seule qui convienne à un tel drame : éloignement hautain, loin du ramassis de cloportes, tièdes, muets et bien pensants ».

(page 92)

« Ce monstre, dont les hommes des cavernes n'auraient pas voulu, n'a ni regard ni sourire. C'est un parfait totem de la barbarie… »

« (…) Si l'art officiel d'une civilisation ne nous montre jamais que ses images idéales, c'est devenu une drôle de civilisation que la nôtre ».

(page 119)

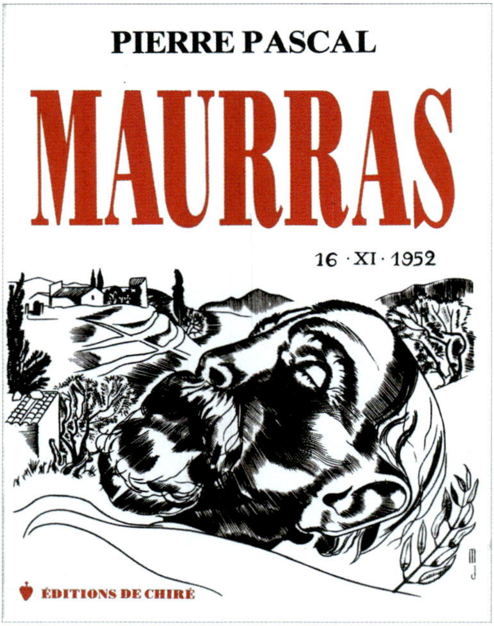

Le poète **Pierre PASCAL**, né le 16 janvier 1909 à Lille, décédé le 13 janvier 1990, aurait pu figurer dans ce florilège. Il fonda et dirigea les *Editions du Trident* et la revue politique humaniste *Eurydice.* Pendant la guerre, il assura le secrétariat du *Matin,* dirigea la rédaction de *la Voix de la France* et fut contrôleur à la radio à Vichy. Condamné pour cette raison par contumace aux travaux forcés à perpétuité, en 1944, il passa en Allemagne avant de s'établir en Italie. C'est son amitié avec Mussolini qui lui fit avoir la vie sauve. Il s'est à nouveau adonné à son goût pour les lettres, mais ses textes sont le plus souvent restés à l'état de manuscrit. Il a écrit un *Discours sur les abominations de la nouvelle Eglise.* Il a aussi rédigé une biographie sur Maurras, dont il fut l'un des collaborateurs : *Maurras, Honori Vindictae Sacrum* (Editions de Chiré, 1986). Exilé de France depuis la fin de la guerre, il fut chancelier de l'ambassade d'Iran auprès du Saint-Siège dix années durant.

Depuis toujours les artistes et les poètes ont étés des boucs émissaires faciles à charger, à tour de rôle applaudis ou hués par un même public clairsemé et futile. Ils n'ont jamais disposé de la moindre faculté de pouvoir résister ni des moyens financiers nécessaire à cela. C'est pourquoi – et l'histoire le démontre sans peine – les poètes exécutés ont toujours été beaucoup plus nombreux que les banquiers.

Né en 1882 à Mérindol, **Noël Nougat** dont il est question ici, a été pasteur de l'Eglise Reformée de France pendant trente huit ans dans la ville voisine de Lourmarin, depuis la fin de ses études de théologie à la Faculté de Montauban en 1906 jusqu'à sa mort en 1944. Aujourd'hui, cependant et même si cela parait difficile à croire, le Consistoire local de la paroisse où il fut si longtemps pasteur semble tout ignorer de lui.

Sa biographie nous apprend que pendant la première guerre mondiale il fut infirmier militaire sur le front d'Orient à Salonique de 1915 à 1919. C'est alors que se noua une grande amitié entre le pasteur poète et un petit groupe d'intellectuels, parmi lesquels Henri Bosco et Robert Laurent-Vibert (dont la famille avait fait fortune dans les cosmétiques par le biais du « *Pétrole Hahn* »). Ce dernier, qui disposait de moyens financiers importants, souhaitait devenir le mécène d'une bonne cause. **Noël Vesper** lui fera connaître le château de Lourmarin qui, à l'époque, est occupé par des nomades, menace ruine, et mérite un meilleur sort. Si l'héritier de l'inventeur de la lotion capillaire finança les travaux et acquit finalement le château pour en faire une « petite Villa Médicis provençale » qui recevrait l'été de jeunes artistes, c'est le pasteur qui, en dehors de son ministère, dirigera bénévolement cette restauration tout en payant beaucoup de sa personne. Voici comment Pierre Girieud, dans « *Souvenirs d'un vieux peintre* », nous décrit le cercle d'amis qui se réunissait l'été à Lourmarin et ce qu'il pense de la fin horrible du couple du pasteur à la Libération :

« Henri Bosco, le pasteur Nougat – qui prit comme pseudonyme Noël Vesper – s'étaient rencontrés à Salonique avec les amis lyonnais de Robert Laurent-Vibert : Mathieu Varille, Jean Conte, etc. Il se forma à Lourmarin un milieu bien sympathique et que je fréquentais assidument par la suite, surtout lorsque je pus apprécier leurs caractères.

Noël Vesper, petit, replet, brun, descendant des Vaudois de Mérindol, vivant, vibrant, pasteur adorant les icônes, faisant de la peinture, de la philo, des vers français et surtout à mon sens des poésies provençales d'une grandeur et d'une émotion qu'il n'atteignait pas dans sa seconde langue (tout le monde comprendra que c'est le français que je qualifie ainsi). Il ne devait pas être très bien vu du Consistoire qui devait le considérer un peu comme un hérétique. Sa fin fut déplorable en tous points : sa femme pendant l'Occupation s'était fort compromise en paroles car je suis sûr qu'elle ne dut jamais dénoncer personne. Son mari ne l'eut pas supporté. A la Libération, des maquisards du Lubéron se saisirent du ménage, l'entraînaient dans la montagne et condamnèrent Laure à la fusillade. Noël Vesper dit à ces juges improvisés : « Si vous tuez ma femme, vous m'abattez moi aussi. » Et le crime fut consommé.

Tuer une créature humaine est abominable, mais mille fois, mille fois plus encore tuer un créateur, tuer un poète. Il est odieux de guillotiner André Chénier sous couleur de patriotisme.

S'il y a une Géhenne comme l'affirme Dante, au plus profond du gouffre, Satan imposera les supplices les plus affreux aux bourreaux de Noël Vesper qui certainement n'aimaient pas leur patrie aussi profondément que pouvait le faire notre ami. »

Avant d'aller plus loin, soulignons que cette description de l'homme et des événements d'août 1944 n'a jamais été contestée par personne.

Dès bien avant la Première Guerre mondiale, à une époque où ce genre littéraire était encore prisé, **Noël Vesper** s'est fait connaitre du monde poétique en donnant des poèmes à des publications telles que l'*Anthologie de la poésie contemporaine* ou *La Vie Nouvelle.* En 1910, son recueil de sonnets *Louanges* s'est vu récompensé par le Prix Sully Prudhomme décerné par la Société des Gens de Lettres. Plus tard, il créera « *Les Terrasses de Lourmarin* », une publication politique et littéraire où il se fit connaître en développant des opinions proches de celles de **Maurras** en ce sens qu'il se déclarait royaliste. **Maurras**, rappelons-le aussi, était à l'origine du Félibrige. Les félibres étaient des poètes écrivant en provençal, la branche la plus pure de la langue d'oc. De nombreux poèmes de **Vesper** étaient, à cette époque, publiés en provençal avec une traduction en français.

A l'époque, les protestants descendants des Vaudois, ont la réputation de se situer politiquement à gauche. Ce n'est pas le cas de **Noël Vesper**. Dans divers ouvrages, en particulier dans : *Les protestant devant la patrie,* publié en 1925, il démontre qu'un protestant peut, sans le moindre complexe, être de droite et monarchiste. Et de citer les monarchies de l'Europe du nord où, dans une parfaite paix civile, les rois règnent sur des populations en majorité protestantes. En 1929, préfacé par Louis Lafon, il publie *Perspectives, Politiques, Poètes, Philosophes.*

Avec d'autres protestants, il participe également à la création de l'association Sully dont il devait devenir le doctrinaire et le théologien et qui publie à partir de 1933 un bulletin dont il assume la rédaction. Très logiquement, toutes ces activités le conduiront après le désastre de 1940 à se ranger fermement derrière le maréchal Pétain et à dénoncer ceux qui à ses yeux portent une responsabilité dans ce désastre.

Une émouvante lettre que lui adresse Henri Bosco en juillet de cette année mériterait d'être citée en entier tant elle exprime l'état d'esprit des patriotes de cette époque. Elle indique aussi combien le poète (et remarquable penseur) **Vesper** était reconnu par ses pairs. En voici quelques passages :

Rabat, 1er juillet 1940,

Mon cher Noël,

Je ne sais pas quand cette lettre te parviendra. Je te l'envoie tout de même comme un signal de fidélité. Ne commentons pas les événements, ne parlons pas de notre douleur.

Nous sentons et pensons certainement en commun, aujourd'hui comme hier ; et il ne serait pas digne de nous confiner dans le passé. Il n'était pas beau. Le présent est terrible. Reste l'avenir. Il est terrible lui aussi. Mais il vaut mieux le regarder en face que de se détourner de lui.

Dans une lettre de nouvel an que tu m'avais envoyé le 3 janvier j'ai été frappé des paroles que tu m'avais écrites alors : « L'hermétisme chrétien doit nous avertir que 40 est un arcane d'épreuves (les 40 ans d'Israël au désert, les 40 jours du déluge, etc.) ».

Je crois qu'il faut s'armer de résolution grave et se réconforter par l'autre aspect de l'arcane, qui est celui de préparer une rénovation. Préparons la rénovation.

La meilleure manière de repartir, c'est je crois, d'essayer de se joindre, de renforcer l'esprit d'église, au sens propre du mot. Lourmarin reste pour moi le havre spirituel, géographique, religieux et humain. Mais j'y reviens plus chargé que jamais d'un désir qui nous est commun à toi et à moi et qui s'alimente au besoin de spiritualité.

(...) Je poste ma lettre avec l'espoir qu'elle trouvera un moyen de transport. Lequel ? Et j'attends ta réponse avec impatience.

Nous t'embrassons tous deux, toi et Laure et François.

Sempre mai. Henri

Cette lettre parlait aussi du désir d'Henri Bosco d'acquérir à Lourmarin ou dans les environs une petite propriété et demandait au pasteur de se charger des recherches. Si, après les hostilités, l'auteur de « *l'âne Culotte* » put satisfaire ce désir (il repose aujourd'hui dans le cimetière de Lourmarin), il ne revit jamais son ami qui, lui, n'a pas eu l'honneur d'une sépulture chrétienne. Quelque part dans le Lubéron, une croix difficile à trouver dans la rocaille et le maquis rappelle que le pasteur et son épouse dorment là de leur dernier sommeil.

Après la guerre – mais pas du vivant d'Henri Bosco, dix longues années après la mort du romancier et c'est à souligner – Claude Girault fera publier : « *Lettres à Noël Vesper* » qui nous donne les lettres adressées par Bosco à **Vesper** entre 1923 et 1941. C'est plus que probablement le débarquement allié en Afrique du Nord en 1942 qui mit fin à cet échange épistolaire, mais le long délai mis à la publication de cette correspondance incite à penser que Bosco, peut-être pour ne pas publier la moindre chose qui aurait nui à sa carrière littéraire, ne l'autorisa pas de son vivant. Car, n'est ce pas une chose remarquable que de constater que pendant les trente deux années pendant lesquelles il survécut à celui auquel il avait adressé cette si émouvante lettre, il ne trouva plus jamais l'occasion d'écrire une ligne sur lui ? Des destins aussi tragiques que celui que rencontra **Vesper** ne sont pourtant pas si fréquents, mais comme le chanta si justement un autre poète :

C'était amis que vent emporte,
Et il ventait devant ma porte…

Voici quelques poèmes de **Vesper** dont celui qu'il écrivit à la mémoire de son ami Laurent-Vibert décédé dans un accident de la route en avril 1925.

Stèle de Robert Laurent-Vibert

Le bois est embaumé de ses plantes sauvages,
Et la stèle est debout
Entre les romarins fleurissants et les sauges,
Et du soleil sur nous !

Oh ! comme elles tournoient alentour les abeilles,
Ivres de ce thym doux,
Jusqu'à ce frelon, le compagnon des treilles,
Qui se grise de ciel ;
Et même un lézard coule entre les herbes bleues
Vers la pierre funèbre ;
Puis un cyprès ! puis les collines ! puis nos dieux !
Puis comme un temple ta demeure
Dans le dessin des murs, sous la fougue du lierre...
Nous te vouons un nouveau seuil,
Robert ! c'est le portique immense de la terre
Où tu grandis devant nos yeux,
Chère ombre ! Fier vivant, hélas ! où sont tes flammes
Dans cet orbe des cieux ?
Voici que le soleil a consumé nos âmes
Semblable à notre deuil !

Etrangement prémonitoire ce poème décrit ce qui sera vingt ans plus tard son propre tombeau.

Sapho

Rien ne se donne mieux que l'instant qui se perd ;
Cette heure qui n'est plus appartient à mon rêve,
Tu la jetas comme une fleur dessus la grève
Mais elle avait fleuri sur ton sein entr'ouvert.

Et vainement le soir voulut être désert,
Ma peine me devint clémente et la nuit brève ;
Comme la blanche lune à l'horizon se lève
L'espoir perçait un ciel de nuages couverts.

Car mon cœur qui rôdait jusqu'alors sur tes traces,
Dans l'attente qu'un soir d'errer tu ne te lasses,
Nostalgiques soudain d'amour et de repos,

A trouvé cette fleur qui roulait sur le sable...
O parfum si puissant que, pâle, les yeux clos,
Je la crus cette odeur de ton corps qui m'accable !

Un fils d'Ulysse

J'aurai pour toi des soins merveilleux et charmants ;
Tu seras une reine à genoux honorée !
J'aurai toute ma vie à tes jeux consacrée ;
Pour toi je serai prince et poète et marchand.

Je te rapporterai des lointaines contrées
Des perles, des parfums et de lourds diamants,
Des robes dont moi seul connais le tisserand
Et de frais éventails pour les chaudes soirées !

Je trouverai des mots qui chanteront tout seul
La douceur de te voir et l'éclat de ton rire...
Je trouverai des mots qui vaudront un empire,

Et chaque instant vécu près des rouges glaïeuls
Ou dans l'enchantement de nos chambres intimes
Verra ta royauté conquise sans victimes !

L'éternelle Hélène

Je sais que vous venez de plus loin que notre âge,
Que vous irez plus loin, que j'étais avec vous
Déjà dans le passé comme amant, comme époux,
Et que l'éternité s'emploie à mon servage !

La mort n'aura sur nous qu'un fragile avantage :
Si vous me précédez, je vous suivrai, jaloux,
Et d'autres cieux encor seront nos rendez-vous
Jusqu'à notre suprême et divin Atterrage !

Ce que l'esprit unit le corps ne peut dissoudre ;
Tout peut selon sa loi retourner à la poudre,
Notre couple sera l'incessant devenir,
De monde en monde errants et vainqueurs par l'idée,
Je vous tendrai le pur miroir du souvenir :
Votre forme y sera par mon désir gardée !

Beaucoup, lorsque le sort de la guerre parut tourner, changèrent leur fusil d'épaule et tinrent des discours différents de ceux dont ils étaient coutumiers jusqu'alors. Mais pas le couple du pasteur qui ne voulut pas qu'il fut dit qu'ils avaient abandonné leurs convictions au milieu du gué. Et puis, à eux qui avaient tant fait pour Lourmarin, qui pourrait bien leur reprocher quoi que ce soit ? Quand on leur conseilla, à l'approche de l'été 1944, de s'éloigner pour quelques temps, ils ne tinrent pas compte de ces conseils de prudence. La nièce du poète, quatre-vingt deux ans aujourd'hui et qu'une petite enquête nous a permis de retrouver, nous raconte la suite :

Le 20 août 1944, un groupe de maquisards (des F.T.P. repliés dans cette partie du Lubéron,) enlève les époux à leur domicile et les force à les suivre dans la colline vers Buoux où se trouve leur base et où d'autres prisonniers les attendent dans une carrière aujourd'hui quasi abandonnée : *La Roche d'Espeil*. Laure, l'épouse du poète marche dans le sentier rocailleux avec de grandes difficultés. Elle s'est renversée la veille une bassine d'eau bouillante sur les pieds. Noël l'épaule et doit presque la porter mais cela ne semble pas apitoyer les ravisseurs. Elle est accusée, en effet, d'un délit grave : elle aurait tenu publiquement des propos en faveur de la Milice et cela, n'est-ce pas, mérite un châtiment exemplaire. Et voilà la malheureuse qui passe en deux temps trois mouvements, de l'état d'épouse respectée de la gloire littéraire du pays à celui beaucoup moins enviable de condamnée à mort.

Qui peut croire que dans un pays de vieille civilisation comme le nôtre, dans une région vantée pour sa douceur de vivre, de pareilles choses puissent se passer ? Assassiner les gens pour des propos de bonne femme colportés par d'autres bonnes femmes. Et pourtant ! Dans sa volonté proclamée de « mettre le feu à l'Europe », on peut dire que Churchill a bien réussi son coup.

Le pasteur est un homme d'honneur et de fidélité, vis-à-vis de son épouse tout autant que de ses convictions. Moderne Orphée, il arrachera son Eurydice aux enfers ou il disparaitra avec elle. Bien que n'étant pas touché par cette décision barbare des justiciers de coin du bois qui veulent répondre à des exécutions d'otages par d'autres exécutions d'otages et ne visent que la femme du pasteur, il ne peut y avoir pour ce dernier qu'un seul dénouement possible : soit son épouse aura la vie sauve, soit, par fidélité conjugale, il demandera à subir le même sort qu'elle. Et c'est cette incroyable « faveur » qui lui sera accordée ! Ni en Lubéron, ni ailleurs, jamais poète n'écrivit pour sa compagne et de son sang un plus pur poème d'amour.

Le 24 août au matin, un groupe de prisonniers est passé par les armes. On avait la justice expéditive et la gâchette facile à cette époque. Un peu plus haut dans les collines et toujours dans le Lubéron, Jean Giono aura plus de chance. Arrêté quinze jours plus tard et incarcéré pendant cinq mois, on le relâchera sans lui avoir communiqué la moindre inculpation. Revenons un peu sur **Sacha Guitry** qui faillit bien connaître le même sort que **Vesper** à la Libération. Il nous a décrit dans *« Cinquante ans d'Occupations »* les deux zozos qui, déguisés sous l'uniforme de la police, étaient venus pendant la nuit lui cracher au visage et le menacer de mort, révolver au poing : *« Non laisse,* avait dit l'autre*, pour lui ce sera la guillotine. »*

Commentant l'arrestation dont il fut lui aussi l'objet et aussi le non lieu qui lui fut signifié plus tard – puisqu'on n'avait rien trouvé à lui reprocher – **Sacha** écrira : « *Le 23 août 44 on m'arrêtait avec éclat parce qu'on me supposait coupable, le 8 août 47, c'est clandestinement qu'on me certifie innocent* ». On parle beaucoup moins de toutes ces choses alors qu'il y aurait tant à dire sur ces « *résistants de la vingt-cinquième heure* » comme disait Giono !

Juges et assassins, les maquisards F.T.P. du « Commandant Raphaël », justiciers improvisés, ce matin là fusillèrent aussi quelques Allemands, des prisonniers de guerre. Cela vous surprend-il ? Quand on peut assassiner de la sorte un pasteur et son épouse, on ne doit pas reculer devant grand chose. Dans la fosse commune, on retrouva dix sept cadavres.

Dans son rapport aux gendarmes de Bonnieux qui enquêtèrent plus tard sur le drame, le gardien de la propriété où s'était passé la tuerie, dira que les malheureux avaient dû creuser eux-mêmes leurs tombes et que Laure, l'épouse du pasteur n'étant pas en état de le faire, c'était **Noël** qui avait dû creuser pour les deux. Plus tard, afin de procéder à l'identification des corps, les fosses furent ré-ouvertes et les corps, à la demande des familles, dirigés vers d'autres lieux d'inhumation. Les cadavres des soldats allemands remis aux autorités militaires ; ceux du pasteur et de son épouse placés dans un cercueil et, d'après le rapport de police, ré-enterrés sur place. Mais ce rapport, communiqué au seul pasteur Boegner le 9 juillet 1945, resta très longtemps inconnu des populations protestantes et les bruits les plus contradictoires circulèrent pendant longtemps dans le village.

La nièce du pasteur qui avait seize ans à l'époque, devant tant de témoignages divergents admet ses doutes sur le lieu où reposent les deux suppliciés. « *Je viens chaque année déposer une couronne de fleurs dans un endroit à l'écart dans le cimetière de Buoux, mais je n'ai aucune certitude qu'ils soient là,* » me dit-elle.

J'ai voulu interroger d'autres membres de la famille des deux victimes mais au téléphone, les langues ne se délient pas facilement. C'est que, voyez-vous, on est facilement traîné dans la boue par ceux-là même à qui on avait répondu avec confiance. On a tellement rabâché à l'opinion publique que l'honneur et la justice étaient du côté des maquisards et, qu'en face, il n'y avait que d'infâmes collabos qu'elle a fini par le croire. Si aujourd'hui vous vous dites défenseurs de la mémoire du maréchal Pétain, vous ne pourrez être qu'un hitlérien et on se permettra donc de vous toiser avec les yeux réprobateurs d'un juge. On sait comment peuvent se terminer les conversations sur ce sujet. Alors, on préfère se taire.

Ce que j'ai appris sur la fin de **Noël Vesper** et de son épouse Laure, je le dois donc à cette vieille dame. Les femmes, ceci est bien connu, sont plus courageuses que les hommes. Cette expérience m'a encore permis de le vérifier.

Dans *Le mas Théotime*, Henri Bosco avait bien décrit cette Provence taciturne et sauvage. A l'opposé, pourrait-on dire, de celle de Pagnol. On n'aime pas parler inutilement, et moins encore si ça peut vous attirer des ennuis. C'est par son père – et à voix basse – que la nièce du poète apprit ce qu'elle sait aujourd'hui et qu'elle m'a raconte pudiquement et avec des larmes dans la voix.

« *Il n'est pas possible,* lui a-t-on dit, *de réhabiliter la mémoire de Noël Vesper. Il n'a pas été jugé officiellement, il n'y a donc pas de procédure de réhabilitation possible. Il faudrait qu'une personnalité politique accompagne toutes les démarches nécessaires.*

– Et aujourd'hui, à Lourmarin, il n'y a personne qui tenterait de le faire ?

– Pensez donc ! Aujourd'hui, personne, absolument personne ne voudra le faire, malgré tout ce que mon oncle a pu faire autrefois pour Lourmarin et son château. »

Tout commentaire serait inutile. Je ne savais pas que le Lubéron pouvait si bien dissimuler de telles tragédies. Je croyais que les personnages du « *Mas Théotime* » ne pouvaient être que des créations littéraires. Quelle erreur !

Et pour en revenir à nos démocraties et à leurs indignations si sélectives, disons que nos élites, y compris nos élites religieuses s'accommodent assez bien aujourd'hui du sort réservé à la mémoire du pasteur poète. Lorsque l'on lit les récits héroïques des Vaudois d'autrefois, il apparait que ces derniers avaient une conception du devoir plus rigoureuse que celle de certains aujourd'hui. Parions que ces courageux ancêtres n'auraient pas laissé passer pareille injustice sans réagir.

Dans mes années d'adolescence, en 1946-1950, on se préoccupait beaucoup du sort réservé en Hongrie à Mgr Mindszenty et en Yougoslavie à celui de Mgr Stépinac. Peut être était-ce pour faire oublier ce qui s'était passé chez nous – ou en Belgique où Mgr Van Assche était mort sous la torture à la Libération/Epuration de ce pays. Car là-bas aussi, les justiciers du coin du bois avaient fait leurs tristes besognes.

Un vieux protestant de Lourmarin a bien voulu accepter de nous conduire sur le lieu dans la garrigue lubérone où reposent toujours le pasteur et son épouse. Ce ne fut pas chose simple. Une longue errance dans la rocaille et les taillis fut nécessaire. Visiblement, rien n'est changé : le même rejet irraisonné, la même ignorance des réalités semblent toujours solidement en place aujourd'hui. Ceux qui furent abattus comme des chiens sont toujours ensevelis comme des chiens, loin du coin de terre consacrée où dorment traditionnellement les chrétiens. Un tel déni de justice devrait nous interpeler jour et nuit et tenir le repos éloigné de nous.

Noël Vesper : Un malheur ne vient jamais seul

La tragédie endurée par le couple du pasteur **Nougat** est là pour nous rappeler qu'aussi imprévisible qu'un coup de tonnerre en ciel bleu, le malheur est toujours prêt à fondre sur les hommes et les briser. Mais il faut également constater que presque toujours après, le quotidien reprend son cours. L'oubli est toujours proche du cœur des hommes et en particulier chaque fois que ceux qui nous gouvernent le souhaite ainsi. On ne rappelle – et avec quelle insistance – que les malheurs de quelques uns, toujours les mêmes. Pour les autres, des coins d'ombre discrète finissent par ensevelir ce que la mémoire des hommes a fini par oublier. La vie est ainsi faite.

L'expérience m'a montré qu'à Lourmarin même, non seulement l'homme de la rue mais la présidente du conseil presbytéral de l'Eglise Réformée de France elle-même ne connaissait rien du pasteur **Nougat** ainsi qu'elle me l'écrivit dans un courriel. Au téléphone et comme pour s'excuser, elle me dira : « *Je ne suis à ce poste que depuis trois ans.* » Empressons-nous de dire que nous n'en voulons pas du tout à cette valeureuse femme débordée d'occupations qui, outre son travail d'agricultrice, doit s'occuper de son foyer où son mari est atteint d'une maladie grave.

Reste que dans la conversation elle m'avait parlé de son gendre, pasteur de l'Eglise Réformée de France, lui aussi, et qui aurait pris la vie du pasteur **Nougat** comme sujet de thèse. Ayant manifesté le désir de lire cette thèse, j'ai ajouté que je paierais bien volontiers tous les frais occasionnés par la chose. Malheureusement, il semble que mon désir soit tombé aux oubliettes. Il est de bon ton aujourd'hui de prendre prétexte de certains écrits du pasteur pour dire, comme Horst Deuker, ci-devant pasteur retraité de Lourmarin et qui a dû reprendre son sacerdoce aujourd'hui, car aucun autre pasteur n'est actuellement en activité dans cette paroisse, que, en tant que chrétien, ils en ont honte. Reste que, curieusement, on ne semble pas très fier de ces prises de position puisque, tout en prenant un air entendu qui voudrait en dire long, on déclare préférer ne rien ajouter sur le sujet. Et surtout, malgré mes demandes réitérées, ne citer aucun texte précis.

Il faudra d'autres remous de la marée pour ramener en surface d'autres évènements et d'autres victimes annexes de ce matin d'horreur qui ensanglanta le Lubéron le 24 août 1944. Ce remous déplaçant les algues dissimulatrices est venu ce soir d'un appel téléphonique de Georges-André Pons qui ayant appris que je faisais des recherches sur le pasteur **Nougat/Vesper** m'a rappelé que le couple Noël et Laure était le résultat d'un remariage, un veuvage ayant frappé les deux conjoints. En première noce, Laure, veuve Perrotet, avait eu un fils : Jean. De son deuxième mariage avec Noël, naîtra un autre garçon : François. Les demi-frères se verront très souvent à Lourmarin, mais outre la différence d'âge il faut relever le fait que Jean sera élevé au foyer de sa grand-mère, décrite par certains comme une bourgeoise assez possessive. Quoi qu'il en soit, tous les témoignages disent que les enfants auront droit à la même affection auprès de Noël et de Laure et qu'ils furent toujours très proches l'un de l'autre. Alors que le doux François manifeste peu de goût pour les études, Jean Perrotet, qui rêve de devenir ambassadeur, est admis à Sciences-Po.

Comme nous avons eu l'occasion de le dire plus haut, on est maurrassien et pétainiste sans complexe chez les **Nougat**. Aujourd'hui, être pétainiste est devenu péjoratif, mais il faut entendre l'adjectif au sens où beaucoup l'entendait à l'époque. A travers l'armistice inévitable, indispensable et protecteur, on jouait « l'expectance », comme disent les militaires, en attendant l'entrée en guerre de l'Amérique. L'ambassadeur des Etats-Unis à Vichy à cette époque, l'amiral Leahy dans l'ouvrage qui relate le temps passé auprès du Maréchal : « *I was there* » ne dira pas autre chose. Il faut toute la sottise outrancière de ceux qui actuellement dictent à l'opinion publique ce qu'elle doit penser de la France et de ses dirigeants pendant les années d'Occupation, pour affirmer que Pétain était en faveur des Allemands. Mille autres témoins crédibles de cette époque, heureusement pour l'Histoire, eurent l'occasion de décrire une réalité fort différente et les Allemands eux-mêmes n'eurent jamais la moindre illusion sur le vieux soldat.

La vérité, c'est que les Français, comme leurs ancêtres les Gaulois, n'étaient pas plus unis qu'ils ne le sont aujourd'hui. Passé l'élan unificateur du désastre de mai/juin 1940 qui leur fit pour une courte période se serrer les coudes unanimement derrière le vieux chef, les vieilles habitudes reprirent vite le dessus. En sera-t-il jamais autrement d'ailleurs ? Quel esprit impartial pourrait croire sérieusement que le vainqueur de Verdun pouvait avoir d'autres sentiments à l'égard de l'Allemagne ?

Profondément patriotes et pensant que la meilleure façon de servir son pays en guerre c'est de s'engager dans ses forces armées, les deux frères se sont engagés dans le 1er Régiment de France qui fut créé en 1943 à la suite de la dissolution de l'armée d'armistice. Lorsqu'il devint évident pour les officiers qui commandaient ce tronçon d'armée qu'on allait l'utiliser, non contre un ennemi extérieur mais contre des Français tout aussi patriotes qu'eux et qui luttaient dans les divers maquis se trouvant sur le territoire national, ils encouragèrent les soldats se trouvant sous leurs ordres à rejoindre ces maquis. Presque tous le firent. Les deux frères se retrouvèrent ainsi en Haute-Marne où ils participèrent aux combats livrés à Bussières-lès-Balmont et c'est là que, un malheur n'arrivant jamais seul, Jean, le fils aîné de Laure, sera tué au combat le 9 septembre 44. Son nom figure aujourd'hui sur le monument aux morts de la Résistance de Chalendrey, au titre des F.F.I. tombés au maquis de Bussières-les-Balmont et également, rue Saint-Guillaume à Paris, au siège de Sciences Po, sur la grande plaque de marbre portant le nom des membres de cette école tombés pendant les combats de 1939/1945.

Il est à peine nécessaire d'ajouter que les deux frères, au beau milieu de toutes les désorganisations de cette époque, ne sont pas du tout au courant du drame qui s'était déroulé à la Roche d'Espeil.

Une permission est donnée au jeune François pour aller annoncer la mort de son frère à ses parents. Les transports ne sont pas encore complètement rétablis à l'époque et arrivé en Avignon, il ne pourra pas aller plus loin. Il décide alors d'aller coucher chez des membres de la famille qui résident dans cette ville et c'est là que le malheureux garçon sera mis au courant de l'acte de barbarie commis par les maquisards F.T.P.

La nièce du pasteur se souvient parfaitement de la réaction très affectée de son cousin. François s'est enfermé dans sa chambre d'où il ne sort plus. C'est là qu'on lui apporte ses repas. Il ne parle à personne et passe son temps à démonter et remonter le révolver qu'il avait ramené du maquis. Naturellement, on craint qu'il ne fasse une bêtise.

Toute sa vie, il restera un garçon effacé. Il entrera aux P.T.T. comme on disait à l'époque, mais son manque d'ambition se manifestera bientôt et malgré les encouragements de la famille, il ne participera pas aux examens qui lui aurait permis de gravir quelques échelons. C'est lui qui prendra l'initiative de faire poser la croix en pierre blanche provenant de la carrière de la Roche d'Espeil où il fera graver quelques vers en provençal composés par son père. Plus tard, il épousera une demoiselle Bensimon qui lui donnera un fils, Philippe.

François est mort il y a quelques années. Solitaire et doux, il n'avait jamais vraiment récupéré du malheur qui s'était abattu sur sa famille.

Au sujet des bruits qui couraient sur sa mère et qui auraient servi de prétexte aux F.T.P. pour la fusiller comme otage, en représailles à d'autres assassinats d'otages, voici ce qui se dit à Lourmarin :

Commentant dans la boucherie du village le massacre des résistants exécutés par les Allemands à Apt, elle aurait dit quelque chose comme « *C'est un fait* » que d'autres auraient rapporté comme « *C'est une fête.* » Immédiatement interrogée par son mari à ce sujet, elle lui jura avoir parlé de la chose comme d'un fait et pas du tout comme une fête. Mais quand la rumeur court…

Vesper était-il antisémite ?

On sent bien que cette question, même si elle n'est pas ouvertement formulée par vos interlocuteurs, les démange beaucoup. A cela, ma réponse sera : Ni plus ni moins que le Christ dont il ne faisait que reprendre les enseignements !

La vie autour de nous et toutes les entreprises humaines sont le résultat d'une lutte permanente. La politique est un combat. Les sociologues et politologues ne vous diront pas autre chose : conquérir et durer sur un espace politique n'est jamais le résultat du hasard, ni ne se fait toujours avec des arguments de poètes. Les marchés économiques à gagner par nos entreprises – ou simplement s'y maintenir – demandent beaucoup d'efforts et la terre a toujours appartenu à ceux qui luttaient le plus pour la conquérir.

Pourquoi voudriez-vous qu'il en soit autrement dans le domaine religieux ? Les religions, pour gagner les âmes – choses abstraites s'il en est – utilisent des arguments théologiques visant à démontrer qu'elles seules sont dans le vrai et que ce sont les autres qui sont dans l'erreur. Dans la pratique, sur le terrain, la différence entre les combats politiques et religieux sont minces lorsqu'il s'agit de convaincre ou de convertir l'autre. L'autre, c'est-à-dire le concurrent qui devient si facilement l'adversaire – pour ne pas dire l'ennemi. Et, bien sûr, l'adversaire dès qu'il se sentira agressé, réagira et utilisera contre l'agresseur tous les arguments en sa possession. Il ne manquera pas d'ajouter que les arguments adverses ne sont pas religieux mais matériels. Ou raciaux.

Aujourd'hui, s'aviser de constater la main mise des Juifs sur le pouvoir politique aux U.S.A. (ou ailleurs), et les étranges méthodes de leurs banques à New York, est de la dernière indécence. Et ne vous mêlez pas d'avoir une opinion sur le sort des Palestiniens, vous seriez immédiatement catalogué antisémite. Avec tous les dangers que cela comporte. Vous aurez beau démontrer par tous les arguments que vous voudrez que c'est la politique de l'état sioniste que vous visez, taratata, vous répondra-t-on, vous êtes un antisémite et ce que vous appelez antisionisme ou « lutte contre la politique menée au Moyen Orient par l'état d'Israël » n'est que de l'antisémitisme habillé d'un autre nom. Je n'ai, à ce sujet, jamais été le témoin de rien de plus convaincant que le procès de Roger Garaudy devant la 17e Chambre à Paris. Et pourtant Garaudy, adepte savant des religions du livre auxquelles il avait successivement appartenu, avait développé tous les arguments théologiques à ce sujet et juré ses grands dieux que rien ni personne ne lui était plus cher qu'Abraham. Il a suffit qu'un quidam vienne déposer deux minutes à la barre et dire que Garaudy était antisémite pour que les juges, sans la moindre hésitation, le condamne. Et pourtant, son ouvrage *Les mythes fondateurs de la politique israélienne* n'était pas bien méchant et comme ouvrage antisémite on avait vu pire.

D'après le rapport du Secrétaire Général auprès de la Police de Marseille adressé au pasteur Boegner, Président du Conseil National de l'Eglise Réformée de France qui avait demandé une enquête officielle sur le sort réservé au pasteur de Lourmarin et de son épouse, les corps de ces derniers furent retrouvés et identifiés le 5 février 1945 dans une fosse commune en compagnie de quinze autres cadavres dont plusieurs (5) soldats allemands.

Les domaines d'intérêt de Vesper, dès qu'on touchait au domaine artistique, étaient multiples. Outre la poésie et le félibrige, il pratiqua également la peinture et exposa à Paris. Sur le plan local, il participa activement avec son ami Laurent-Vibert à la restauration du Château de Lourmarin qui menaçait ruine et qui, après travaux, devint (et est toujours) une petite Villa Médicis provençale qui accueille l'été de jeunes artistes. Cependant – et devant le nombre des ouvrages qu'il écrivit sur le sujet – on doit dire que son domaine de prédilection était la théologie. Pour lui, les enseignements du Christ avaient priorité, ne souffraient pas la moindre équivoque et c'est dans toute leur rigueur qu'il entendait les mettre en application.

Sa fin hors du commun, ses réalisations littéraires et culturelles, l'aide qu'il apporta à la restauration du château de Lourmarin, pour ne rien dire du fait qu'il fut pendant trente huit ans le pasteur de sa ville, auraient dû lui valoir la reconnaissance et le souvenir éternel, tout à la fois dans son village et dans sa communauté religieuse. Or, il n'en est rien. Tout ce qui le touche est encore aujourd'hui un sujet tabou. Motus et bouche cousue. Il est toujours enseveli avec son épouse sur le lieu même où ils furent abattus comme des bêtes et nous avons pu nous rendre compte il n'y a pas si longtemps que cette sépulture dans le maquis du Lubéron est dans le plus total abandon. Comme je l'ai déjà écrit plus haut, c'est à peine si, avec l'aide d'un Vaudois du village qui connaissait pourtant son emplacement nous avons pu la retrouver. Installée là par les soins de leur fils François, mort aujourd'hui, une grande et belle croix de pierre en marque pourtant le lieu. Les actuels propriétaires de cette grande propriété – *La Roche d'Espeil* - qui exploite la carrière qui s'y trouve m'ont avoué leur ignorance au sujet des évènements qui l'ensanglantèrent en août 1944 et ne pas savoir si des cadavres se trouvent encore en cet endroit de leur propriété !

C'est extraordinaire. C'est incroyable. Et pourtant rien n'illustre mieux que cette réponse la situation qui domine toute la vie culturelle de ce pays : Nous en sommes arrivés à tout ignorer de notre histoire, y compris la plus récente. Et cela, même chez les descendants des Vaudois pourtant si attachés à leurs racines.

Quelle triste et émouvante histoire ! Mais soyez sûr que jamais, au cours des innombrables soirées télévisées consacrées à la dernière guerre, on ne vous en parlera. Les puissants du jour (vous ferais-je un dessin ?) sur une chaîne ou sur une autre et chaque soir que le Bon Dieu fait, nous content un épisode toujours plus ou moins judéo-centré, sur les années « les plus sombres de notre histoire ». Si vous n'êtes pas *persona grata* dans ce milieu, ce sera, au mieux, le silence absolu sur vos malheurs. Ne cherchons pas ailleurs : **Vesper** est accusé par les Juifs, mais aussi – et ici c'est le théologien qui parle – par *« les esprits qui ont été touchés et pervertis par l'esprit juif »* : d'antisémitisme, et cette accusation est devenu pratiquement impossible à récuser. De nos jours, il faut être philosémite ou sinon vous êtes classé antisémite. Pas de milieu : **Vesper** est donc définitivement classé antisémite avec tout ce que cela comporte.

J'étais loin d'en savoir autant lorsque je décidai d'aller à Lourmarin comme un modeste pèlerin dans le but de m'incliner sur la tombe de celui que je jugeai alors surtout comme une victime pitoyable des horreurs qui avaient accompagné la Libération, un poète et artiste qui en aucun cas n'avait mérité son sort. Et voilà qu'au fur et à mesure que mes connaissances sur lui s'approfondissaient, je découvrais un homme exceptionnel, méconnu certes, mais toujours d'actualité, un doctrinaire politique et religieux au langage ferme et juste. Je croyais trouver un torrent asséché et je découvrais une Durance impétueuse, une Sorgue opulente et verte. Oui, l'esprit de **Vesper** est toujours bien vivant et n'a cessé d'être d'actualité.

A la Bibliothèque de l'Histoire du Protestantisme, rue des Saints Pères à Paris, si vous vous adressez aux jeunes personnes en charge de son bon fonctionnement, vous vous apercevrez rapidement que **Vesper** n'échappe pas à cette règle imposée par les bien-pensants d'aujourd'hui. Les Bulletins « Sully » qu'il rédigeait en grande partie, y sont considérés comme des horreurs devant être prises avec des pincettes. Lors des Assises Nationales du Protestantisme tenues en 1992, Georges-André Pons et le pasteur Roland Jeanneret furent parmi les rares qui prirent la défense du pasteur de Lourmarin. Jeanneret, qui l'avait bien connu, le décrivit comme un homme très brillant et pas particulièrement maurrassien. Le dossier qu'il déposa à cette occasion est toujours consultable à la bibliothèque.

Les critiques théologiques contre la religion juive de **Vesper** n'ont rien à voir avec l'antisémitisme primaire. Il n'est en rien racial et est uniquement religieux. Simplement, il souligne fermement en quoi la religion du Christ marque sa différence d'avec le judaïsme. Voici ce que disait **Vesper** sur le sujet et qui est dénoncé aujourd'hui comme de l'antisémitisme pur et dur :

Sur *Mammon et les Juifs :* « Cela explique cette sorte de consanguinité mystérieuse, alarmante, qu'il faut constater entre le Juif et l'argent et qui faisait dire à Jésus qu'on ne pouvait servir deux maîtres : Dieu et Mammon, qu'il fallait choisir entre servir Mammon et servir Dieu. Mammon est l'argent. »

Répondant aux critiques d'un correspondant sur le *péché juif* : « Je n'avais pas écrit « *le péché des Juifs* », mais le « *péché juif* ». C'est tout autre chose, n'est-ce pas ? Transformer le « Royaume de Dieu », réalité spirituelle, en règne temporel ou charnel du peuple juif (ou du Juif), voilà ce que j'appelle le « *péché juif* ». (...) Nous avons peut-être cessé un peu trop d'être attentifs à la notion d'une perversité de l'esprit judaïque. »

« *Le bénéfice spirituel de l'élection qui est conférée à Israël a incité le peuple juif à se considérer comme devant jouir d'une autorité de droit divin sur les autres hommes et à monnayer ce bénéfice en d'autres droits de toutes sortes et des plus matériels.* »

« *Il y a pour refuser à voir cela des aveugles volontaires, des sots et des dupes, mais il y a aussi des esprits qui ont été touchés et pervertis par l'esprit juif. Ils ont pu l'être, surtout dans les églises, parce qu'ils n'ont pas pris soin à se dégager soigneusement de tout judaïsme.* »

« *Le devoir de l'Eglise envers les Juifs est de prier pour que l'épreuve leur ouvre les yeux sur leur infidélité et leur mon-*

trer que leur situation actuelle, comme toute leur histoire résulte de leur infidélité persévérante qui ne date pas seulement de Jésus mais qui a des sources funestes dès après Abraham. »

« Ceci n'exclut pas envers les individus tous les actes de charité, de secours et de miséricorde ou de patience que le Chrétien accomplira volontiers. »

Et le moment venu, les Vesper ne s'y dérobèrent pas. On parla beaucoup à Lourmarin d'une femme juive qui trouva refuge dans la maison du pasteur, mais sans autre précision, sans pouvoir mettre un nom sur cette fugitive. Aujourd'hui, au moins, cette lacune est comblée : elle s'appelait Gerstein, sans que l'on puisse garantir l'orthographe exacte de son nom.

Le pasteur Roland Jeanneret qui connut bien **Vesper** : « On le tenait pour maurrassien, mais il nous paraissait à nous ainsi qu'à ses amis et à de nombreux étudiants, comme un esprit libre et d'une rare profondeur spirituelle. » Et sur la publication : *« Les protestants devant la patrie » :* « Cet ouvrage a été écrit comme un essai de réponse à la thèse maurrassienne selon laquelle quatre états confédérés : Juif, Protestant, Franc-maçon et métèque sont les quatre colonnes d'appui du gouvernement démocratique actuel de la France et qui met notre patrie en danger. La Réforme est responsable (d'après Maurras) de la Révolution, de la démocratie, de la culture anti latine et de la politique anti religieuse. Dans cet ouvrage, Vesper conclut son réquisitoire contre la théorie de Maurras par un vibrant appel à l'union des protestants et des catholiques contre la déchristianisation de la France et pour l'ordre du monde. Pour lui, la Réforme est avant tout scripturaire et ne peut être ni révolutionnaire, ni individualiste, ni démocratique. »

Et Jeanneret conclura ainsi : « Il apparait que rien ni personne n'aurait pu ébranler l'assurance de Vesper dans ce qu'il croyait être la vérité. Peut être le fil, souvent indiscernable mais qui apparait à bien des tournants de sa pensée et de sa vie, est-il cet appel au sacrifice dans l'amour toujours sous-jacent dans *La morale du risque* et confirmé dans une lettre à Sujol en 1925 :

« J'estime que le sacrifice vaut plus que la vie car il la fonde : celui qui veut sauver sa vie la perdra. Ecartons donc cette superstition moderne du bien-être, de la peur de la souffrance, du salut de l'existence à tout prix ! Cela institue un ensemble de valeurs inférieures qui tendent à matérialiser l'âme de nos générations. La vérité chrétienne est ascétique. »

Vesper était conscient des risques qu'une fausse interprétation de son œuvre entraînaient pour lui mais ne changea pas d'attitude. En décembre 1942, il écrivait encore : « Vous semblez craindre pour moi dans votre amitié qui s'en alarme qu'à tant d'autres renoms on ne m'accole celui fâcheux d'antisémite qui entrainerait naturellement, selon le procédé habituel de nos adversaires, celui d'hitlérien. Permettez-moi de hausser une fois de plus les épaules et de me remettre tranquillement au nouveau travail que j'ai commencé. »

Mais, ajoute Jeanneret, l'époque n'était plus aux simples débats d'idée et le pasteur de Lourmarin allait le payer de sa vie.

Plaidoyer pour un relevé G. P. S.

Sur d'autres sujets aussi et qui nous sont tellement proches aujourd'hui, comme cet « art contemporain » coupé de toutes racines, **Vesper** nous rappelle le mot de Cézanne : arrêté devant le tableau de je ne sais quel peintre, il répétait avec accablement : « Voilà un homme qui n'est né nulle part. » Et celui de Mistral qui distinguait *les terres de patrie* par opposition aux *terres de passage.* Pour lui, Lourmarin était une *terre de patrie.*

Vesper disait aussi : « Notre temps est celui des chefs qui tremblent. Ils n'ont pas l'esprit d'autorité, ils en ont le goût, peut être, et l'amour de leur fonction pour les avantages et non les risques. »

« La vie ne s'obtient pas par une économie mais par un risque. Il faut plus d'audace pour créer que pour épargner, il en faut même plus pour créer et croire en sa création que pour tout dénigrer et tout abolir. »

Eh bien ! Eh bien ! Je croyais découvrir en Vaucluse la fameuse fontaine endormie et je la trouvais bouillonnante et féconde ! **Vesper** est vivant ! Vivant ! Et que le ciel soit remercié.

Alors, qu'importe ce rapport du chef de la police timide et signé anonyme, ce chef maquisard qui ordonna l'exécution puis disparut sans laisser de trace, le pasteur Boegner qui tint le rapport de police sous le coude et qui malgré sa promesse à son collègue Jeanneret ne le lui communiqua jamais. Qu'importe Henri Bosco qui, avant 1944, jurait amitié et fidélité éternelle à **Vesper** et qui après, au cours des trente-deux années pendant lesquelles il lui survécut ne lui consacra jamais une ligne, et tous ces Lourmarinois qui aujourd'hui ignorent **Vesper** ou, s'ils le connaissent, vont même jusqu'à le salir ! Et comme tout cela relativise ce cimetière de village bien propre et ses morts célèbres visités par une foule de touristes bien peignés !

Une tombe perdue dans la sauvage grandeur du Lubéron, si loin – et tellement au dessus de cette foule – ignore les visites. Nous avons pu constater qu'elle est dans l'abandon le plus total. Mais, dans sa solitude majestueuse, c'est la seule qui convienne à un tel drame : éloignement hautain, loin du ramassis de cloportes, tièdes, muets et bien-pensants !

En soixante-six ans, force est de constater que pas grand-chose n'a été tenté pour le tirer de l'oubli. Ses partisans déclarés n'auraient-ils pas dû tenter de retrouver cette dame Gerstein que le pasteur avait cachée dans sa maison et qui aurait peut-être pu témoigner en sa faveur ? Avec ce nom remonté en surface, va-t-on rouvrir le dossier ? Espérons-le, car la vérité oblige à dire que depuis la tragédie vécue par le couple, le silence n'avait fait que s'épaissir autour de **Vesper**. Les adorateurs de Mammon ne connaissant pas le pardon et leur main mise s'avérant toujours aussi puissante sur le monde, il ne fallait pas s'attendre à autre chose. Et pour demain ? Hélas, il y a gros à parier que, puisque le statu quo actuel, donc, l'ignorance sur de pareils événements, donne satisfaction à la minorité dominante, pourquoi changerait-elle quoi que ce soit ?

« *Les temps ne sont pas mûrs* », vous disait-on. « *Faire des vagues ne ferait que compliquer les choses* ». « *On sait maintenant jusqu'où l'antisémitisme pouvait mener* » et autres discours du même genre qui conseillent fortement de ne rien changer aux choses.

La réhabilitation du pasteur que certains accepteraient éventuellement, pourrait peut être aller jusqu'à tenter de lui procurer une sépulture plus décente, mais réimprimer ses écrits théologiques est hors de question. Quels passages sont particulièrement visés ? Celui qui rappelle aux Juifs qu'ils ne peuvent servir deux maitres à la fois et qu'il faut choisir entre Dieu et Mammon ? Après tout, la crise actuelle déclenchée par les établissements de Wall Street devrait ouvrir bien des yeux ! Mais ne pas aborder le sujet pour éviter le retour de l'antisémitisme, n'est-ce pas également renoncer à propager les messages du Christ ?

Bien sûr, Vesper disait aussi : « Le bénéfice spirituel de l'élection qui est conférée à Israël a incité le peuple Juif à se considérer comme devant jouir d'une autorité de droit divin sur les autres hommes et à monnayer ce bénéfice en d'autres droits de toutes sortes ». Comment le pasteur de Lourmarin aurait-il réagit devant les traitements infligés aux Palestiniens depuis plus de quarante ans ?

Et au risque de se répéter : « Il n'y a pour se refuser à voir ces choses des aveugles volontaires, des sots et des dupes, mais il y a aussi des esprits qui ont été touchés et pervertis par l'esprit juif. Ils ont pu l'être, *surtout dans les églises*, parce qu'ils n'ont pas pris soin de se dégager soigneusement de tout judaïsme. » « Notre temps est celui des chefs qui tremblent. » Et ceci : « Il faut sans cesse réviser le monde et s'interroger sur ses certitudes. » Vaste programme et bien dans l'air du temps, mais parler de révision, s'il fera dresser l'oreille de quelques-uns, n'incitera guère les tièdes et les chefs qui tremblent à regarder plus loin.

Ce qui motivait mon action, après la localisation qui s'était révélée assez difficile du lieu où reposait les corps du couple assassiné, c'était la crainte justifiée qu'un jour la croix de pierre marquant l'emplacement où (théoriquement) il reposait soit vandalisée et détruite comme c'est, hélas, assez souvent le cas aujourd'hui. Et aussi, que les dernières personnes vivant encore à Lourmarin et connaissant cet emplacement viennent à disparaître, ramenant ainsi la tâche de réhabilitation et de réinhumation du couple à une quasi impossibilité.

Lourmarin peut continuer à étaler aux yeux du monde son apparence de bonheur tranquille et de bucolique beauté, mais ne vous fiez pas aux apparences : la souillure demeure et restera. En apparence, c'est un beau village, mais la fêlure est bien là, même si on vous la cache soigneusement. Aux gens du château ou du temple, dans ce monde ou dans l'autre, des comptes seront peut être un jour demandés mais il ne nous appartient pas de nous mêler de choses qui ne sont pas de notre compétence.

Aujourd'hui, il est indéniable que la traversée du désert par le pasteur poète continue. Mais cela ne signifie pas qu'il ne réapparaitra pas un jour sur le devant de la scène. Même le grand Jean-Sébastien Bach avait du aussi passer par une longue période d'oubli. Il faut attendre. Le minimum aujourd'hui serait peut être qu'un relevé G.P.S. de la tombe soit demandé pour que ce lieu ne tombe pas complètement dans l'oubli. Il n'est peut-être pas nécessaire d'aller beaucoup plus loin pour l'instant. A défaut de mieux, le silence et la dignité autour des victimes peuvent être assimilés à une sorte de pardon. Et qui sait ? - nous avons été témoins de tant de revirements inattendus, l'Histoire est si riche de retour de balancier - un jour peut être, ce coin de Lubéron sauvage pourrait bien devenir un lieu de pèlerinage. Par exemple : pour les couples qui, contrairement à ce qui se passe actuellement, voudraient, sur la tombe du couple martyr, venir renouveler leur serment de fidélité. Vesper n'est pas mort et son exemple, comme celui de tous les martyrs, restera fécond.

Et puisque les voies du Seigneur sont impénétrables, attendons.

Pense à Vesper qui pour sa Laure
En Lubéron porta sa croix
Et à Buoux connut Golgotha,
Pétrarque, on se souvient de toi,
Mais Vesper que les siens ignorent,
Mieux : que même ils déplorent,
N'eut même jamais droit au glas.

………………

Le vent gémit sur Lourmarin
Et sa tristesse n'est pas feinte,
Prête-lui toute ton attention :
Au loin, parmi les romarins,
Faisant taire de sourdes plaintes,
On entend des détonations.

A bord du vaisseau de fer et de pierre…

Qui de nous pourrait douter aujourd'hui que les évènements tragique de la Libération/Epuration n'aient porté un coup dévastateur à l'ensemble des lettres françaises ? Une enquête récente du magazine américain *Time* parlait du déclin de l'influence de notre littérature et nous sommes tentés d'en voir l'origine à cette période qui, avec les horreurs – peut-être inévitables dès lors qu'un régime est renversé – initia *l'Epuration*. Au-delà des exécutions, des emprisonnements, des peines diverses et des baillons, c'est tout un pan de la pensée française qui a cessé son travail souterrain d'irrigation et arrêté son cheminement à ce moment-là. Pour être reconnue universellement, comme ce fut le cas hier, il ne peut y avoir aucun obstacle, quel qu'il soit, devant une littérature.

La crainte de la dénonciation anonyme ou de l'accolade à votre nom de termes comme fasciste, raciste ou antisémite, autant de mots dont il est quasi impossible de se défaire, la porte des éditeurs éventuellement refermée, le silence des médias sur vos travaux et la perspective de se voir exclure désormais des récompenses littéraires ont infléchi de manière incontestable la plume de ceux qui en tiraient leur subsistance.

A nos yeux, un bon exemple de ce fait peut être trouvé dans l'attitude d'Henri Bosco. Sa dernière lettre adressée à **Noël Vesper** (qui fut exécuté par des F.T.P. après avoir déclaré vouloir accompagner son épouse/otage dans la mort, ne l'oublions jamais), lettre adressée depuis le Maroc après la débâcle de 1940, était un cri d'amitié indéfectible et de respect pour le pasteur/écrivain et chef de file des intellectuels qui se réunissaient autour de lui chaque été à Lourmarin. Après la Libération cependant, sous l'œil des F.T.P. officiellement désarmés mais toujours présents, partagé entre les nouvelles directions de pensée données par les vainqueurs et le désir de prouver sa déférence au politiquement correct, feront que, plus jamais au cours des trente deux années qui lui resteront à vivre il ne lui consacrera une ligne. Mieux, la correspondance de Bosco ne sera publiée que dix ans après la mort de celui-ci.

A deux heures de marche de la maison de l'auteur du *Mas Théotime* à Lourmarin gisaient pourtant (et gisent toujours) les corps suppliciés du pasteur et de son épouse dans les caillasses du Lubéron, et il y a gros à parier que, par crainte du qu'en dira-t-on, Bosco ne leur rendit jamais la moindre visite.

Bien sûr, tous les témoignages des souffrances de ces maudits seront passés sous silence, avec l'exception, peut-être, des *Poèmes de Fresnes* de **Robert Brasillach** qui feront l'objet d'une publication quasi confidentielle. Une preuve supplémentaire est apportée par les moteurs de recherche internet sur les poètes maudits : aucune des victimes des chasses à l'homme de la Libération ne s'y trouve. Dans les *Ecrits de Paris,* à diverses occasions, nous avons eu l'honneur de parler de leurs misères. Et en conclusion de ces modestes et très incomplètes recherches nous citerons comme preuve du voile jeté sur notre histoire le fait suivant :

François-Xavier Rochette, dans un article récent de *Rivarol,* qui nous parlait de l'ouvrage de Pierre-Denis Boudriot : *L'Epuration, 1944-1949,* avait placé en tête de son article un remarquable poème dont la paternité avait été attribuée à Robert Brasillach. Un court poème aussi évocateur que puissant et que nous redonnons ici :

A bord du vaisseau de fer et de pierre
J'écoute la mer, j'écoute la nuit,

J'écoute le vent corner aux gouttières,
J'écoute les cris des hommes meurtris,
A bord du vaisseau de fer et de pierre,
A bord du vaisseau de fonte et d'ennui.

Ces vers semblent si bien décrire la vie carcérale de cette époque qu'en attribuer la paternité à l'auteur des *Poèmes de Fresnes* apparaissait comme une possibilité incontestable. Et pourtant ! Après vérification, il faut bien avouer notre embarras : ces vers ne figurent pas dans le recueil.

Intrigué, nous avons demandé à l'auteur de l'article confirmation que le poème est bien de Brasillach et, par la même occasion, de quel ouvrage de celui-ci ils avaient été extraits. F.-X. Rochette nous avoua son manque d'information sur le sujet et nous informa qu'il n'avait fait que reprendre Pierre-Denis Boudriot qui, à la page 218 de son ouvrage avait cité le poème en l'attribuant nommément à **Brasillach**.

Poursuivant notre enquête, par l'intermédiaire des Editions Grancher, nous avons pu joindre et poser la même question à P.-D. Boudriot pour savoir enfin où il avait déniché pareille pépite et comment celle-ci avait pu rester dans l'ombre aussi longtemps. Et, nouvelle déception, celui-ci nous renvoie à un ouvrage publié il y a bientôt trois quarts de siècle par un journaliste du *Matin,* qui, après la Libération fut condamné à huit ans de travaux forcés, « *Je sors du bagne* » de Pierre Malo, Editions de l'Elan, 1948. Voilà donc, semble-t-il, l'origine de cette attribution de paternité. Mais, outre que cela n'est nulle garantie d'authenticité, l'auteur, qui doit être mort à cette heure, n'est plus joignable.

A notre connaissance, avant ce passage à Fresnes qui devait précéder son exécution, le beau-frère de Bardèche n'avait pas connu d'autre expérience carcérale. Bizarre donc. Nous avons alors interrogé Anne Brassié, auteur de la biographie : *Robert Brasillach : Encore un instant de bonheur,* pour lui demander son avis sur cette paternité. Et Anne Brassié ne put que nous avouer son scepticisme : Non, en vérité, elle ne retrouvait pas là la musique des vers de Brasillach.

Nos recherches se dirigèrent alors vers **Robert Poulet**, autre grand créateur d'images poétiques qui, parce qu'il fut condamné à mort à la Libération de la Belgique et expérimenta donc aussi la vie carcérale dans son pays avant d'être gracié et banni vers la France. Et là encore nous dûmes admettre notre ignorance. Le chef-d'œuvre gardait son secret. Pas la moindre trace non plus chez **Jean Hérold-Paquis** ou **Louis Truc** qui, comme **Poulet** fut aussi un collaborateur de *Rivarol* et l'auteur de *La ballade de la geôle de Fresnes.* Comme on le voit, plus on cherche et plus le mystère s'épaissit.

Et puisque nous sommes dans les devinettes, il est un autre poème datant de cette époque et, lui aussi, toujours en recherche d'auteur. Le voici, sans plus attendre :

Nous n'irons plus au bois
Les poteaux sont coupés
La haine que voilà
Partout les a fauchés.
Entrez dans la danse
Les prisons de France
Regorgent de condamnés.
Tombez en cadence
Frères assassinés.

Ces vers n'ont peut être pas la rigueur poétique du premier, mais ils expriment bien l'ambiance de cette époque. De qui sont-ils ? Chantés sur l'air de « *Nous n'irons plus au bois* », nous avons peut être affaire là à de multiples co-auteurs et nous n'en saurons peut être jamais davantage.

Une autre constatation cependant, et un peu plus consolatrice celle-là, il ne suffit pas de rayer tous ces poètes du catalogue officiel des « maudits » pour les faire disparaitre complètement. Comme des bouchons qui remontent à la surface de manière imprévue, ils continueront à se manifester. Reste que de nos jours nul ne semble être en mesure de mettre un nom sur le poète embarqué malgré lui sur ce *vaisseau de fonte et d'ennui.* Un auteur de vers aussi remarquables et pourtant tombés dans l'oubli le plus total, le fait est parlant. Et il n'est pas très rassurant sur l'état de nos lettres.

Mais le malheur paraît tissé avec du fil d'éternité...

Nous avons cité une liste impressionnante de poètes et autres gens de plume ayant eu à pâtir de l'Epuration et elle n'est pas close ! Cela donne une idée de l'importance du courant de pensée qui, désormais, n'aura plus droit au chapitre. Oui, après la remise au pas par ceux qui détiennent désormais les commandes, les lettres françaises ne marcheront plus que sur une seule jambe. Le mot *hémiplégie* n'est pas trop fort. Une littérature qui s'écrit sous l'œil sourcilleux d'un lobby sera forcément limitée.

Nos recherches devraient maintenant nous mener à Fontainebleau où le Musée National des prisons conserve des manuscrits que nous aimerions bien consulter. Ce musée possède en particulier, réunis par Guy Hanro, journaliste au *Petit Parisien* pendant l'Occupation et cellule 460 à Fresnes par la suite, une cinquantaine de feuillets des poèmes et chansons de détenus de cette époque. Le manuscrit est un excellent témoignage de la vie carcérale dans cette prison et celle de Saint-Martin-de-Ré. Son thème de prédilection cependant semble être la justice de l'épuration que, comme beaucoup d'autres taulards de cette époque, il tourne en dérision. Et non sans quelques bonnes raisons semble t-il. Jean-Marc Berlière, lors d'études consacrées aux jugements de procès de policiers rendus à cette époque a souligné le « côté loterie » de ceux-ci, le peu de fiabilité des enquêtes et les juges d'instruction débordés. Les détentions provisoires pouvaient durer jusqu'à vingt cinq mois, mais il faut souligner néanmoins que cela n'avait pas que des côtés négatifs : entre temps, les passions étaient un peu retombées. Guy Hanro, dans ce manuscrit, réunit des poèmes d'auteurs fusillés, comme **Brasillach**, le commandant **Demessine** et le commissaire **David** (notons au passage ce nom qui ne nous est pas familier), et des condamnés à mort graciés comme **R. Simonet**.

Il se trouve que Jean-Claude Vimont a récemment publié une étude sans complaisance consacrée au manuscrit de Guy Hanro. Il se montre en cette occasion plus enclin à condamner qu'à comprendre et aurait peut être pu méditer un peu sur les vers de **Louis Truc** : *Et doit-on fusiller un homme/Dont l'unique crime est en somme/De s'être trompé de devoir ?* » J.-C. Vimont à propos des positions prises au cours des années d'occupation ne semble pas comprendre toute la complexité du fait que*, pour certains Français*, nous avions été entraînés dans une guerre qui n'était pas la nôtre et par suite, vaincus et occupés. Ce n'est pas rien, une occupation. Demandez aux Palestiniens ou aux Irakiens ce qu'ils en pensent. D'autres restaient en outre meurtris par des évènements comme Mers-el-Kébir ou par les bombardements meurtriers de leurs villes, trop souvent sans aucune utilité. Oui, on pouvait facilement se tromper de devoir. Incidemment, Vimont cite parmi les auteurs coupables de collaboration et côte à côte avec **Robert Brasillach** et Lucien Rebatet, un certain Georges Blond qui avait pourtant traversé la période dite d'épuration sans se faire trop remarquer. Blond put, après la guerre, continuer une carrière littéraire sans histoire et signa même un *Verdun* assez remarqué.

Pendant l'Occupation, avec François Dauture, Georges Blond avait traduit pour le compte d'Arthème Fayard, éditeur à Paris, et sous le titre de *« Ma doctrine »* un *« Mein Kampf »* tel que Hitler et ses éditeurs allemands souhaitaient que les Français en prennent connaissance. Rappelons que bien avant la Deuxième Guerre mondiale, les Nouvelles Editions Latines, sous la direction de Fernand Sorlot, avaient abondamment diffusé une version de l'ouvrage visant à donner de la doctrine hitlérienne une image défavorable, sans que la moindre autorisation soit demandée à l'auteur ou ses mandataires, ni que les règles du *copyright* soient respectées, ni le moindre droit d'auteur versé. L'éditeur allemand propriétaire des droits sur l'ouvrage avait en 1935 intenté un procès aux N.E.L. de Sorlot, soutenu en cela par la Société des Gens de Lettres qui était, dans cette affaire, uniquement soucieuse de faire respecter les droits des auteurs. Nul ne parla beaucoup de cette collaboration de Georges Blond à la diffusion de la doctrine hitlérienne mais elle aurait pu être jugée avec la plus grande sévérité. Si l'on compare son sort avec celui de Rebatet, par exemple. Lorsque l'on parle du côté « loterie » de certains procès de l'Epuration, ce n'est pas sans quelques raisons.

Dans ce document Guy Hanro, comme beaucoup d'autres incarcérés au titre de l'Epuration, nous décrit l'univers qu'il découvre au moyen du dessin et du poème. A cette époque encore et beaucoup plus qu'aujourd'hui le poème donnait à son auteur un sentiment de solennité dans cette démarche :

Le stage terminé, à la suite d'un sbire,
Vous longez le couloir qui mène aux Divisions
Une, deux, puis trois ! Vous faites l'excursion,
Quatre étages de haut, profond comme un navire.
Et aussi, question lancinante :
Quel est donc notre crime ? Un délit politique ?
Que ce délit soit faux ou même véridique,
Dans l'un ou l'autre cas on veut vous renier.

L'examen à la loupe d'une page de ce manuscrit finit par décrypter le poème suivant :

Au terme du parcours on procède à l'appel,
Soyez entre les rangs pour avoir de la chance,
Avec deux ...(illisible) gardez votre espérance
De passer en cellule un séjour moins mortel.

Une pancarte au mur fixera votre étage
Et vous cherchez la voie que vous n'avez choisie

De la porte s'échappe une odeur de moisi
Attendez le gardien sans faire de tapage.

Celui-ci vient ouvrir. Quelle est belle la chambre !
Et les murs sont suintant de lourde humidité
L'air porte le relent de la fétidité
Malgré nous et d'instinct, tout notre corps se cambre.

C'est la fin, nous entrons, un bruit sourd c'est la porte
Qui grinçant sur ses gonds s'est refermée sur nous,
Le gardien, au dehors ajuste les verrous,
Adieu la liberté, notre âme tombe morte.

Même si les textes nous paraissent faibles et les iconographies naïves, le manuscrit est une fidèle image du goût tel qu'il était à l'époque. Aujourd'hui, l'endoctrinement quotidien de la télévision a modifié nos réactions, mais dans des épreuves similaires, comment nous comporterions-nous ?

Ce même musée conserve le manuscrit du duc de Lavillatte : « *Vers pour passer le temps* ». L'auteur, qui ne se repent en rien de sa conduite passée, multiplie au contraire ses hommages aux fusillés, aux combattants de la L.V.F. et à tous ceux qui crurent qu'un redressement moral de la France était possible.

Pour ceux qui s'attachent à connaître d'abord le côté humain de cette tragique époque plutôt que les retombées administratives, le témoignage de **Jean Bocognano** : *« Quartier des fauves »* est une pièce majeure. Encore une fois, si le style c'est l'homme, nous avons là un homme simple et bon et c'est sa compassion et son désir d'aider au mieux ses semblables qui frappent le lecteur. Ce n'est pas la qualité poétique qui doit être jugée ici, c'est l'homme, car ce qui est décrit a été vécu. Une relecture du livre à vingt ans de distance me fait encore mieux toucher du doigt l'humanité de cet homme. En voici quelques lignes : « *Puis, à double tour, on nous enferme. Il est 18h30 environ. ... La nuit tombe, nos paillasses sont prêtes. Nos bavardages deviennent de plus en plus courts tandis que l'obscurité s'épaissit. ... La ronde des chaînes commence, distincte et hal-*

lucinante. Les condamnés à mort, eux, attendent l'aube, l'aube sinistre de chaque jour. Le cœur débordant de tristesse, je me laisse guider vers une sombre méditation.

Dans ma cellule, aucun murmure,
Aucune voix, aucun soupir,
Voici la nuit, la nuit qui dure,
Et le sommeil tarde à venir.

C'est que dans la nuit qui s'allonge
Le bruit des chaînes me parvient,
Un pas qui traine et se prolonge,
Dans un cachot, il va, il vient.

Seigneur, c'est là sous ma fenêtre,
Ils sont nombreux, ô triste sort...
Je les entends sans les connaître,
Ce sont les condamnés à mort.

Bocognano terminera sa peine à Fresnes comme infirmier des condamnés à mort. Il soigne, réconforte, pose des ventouses, distribue des tisanes qui deviennent un rituel, écrit des lettres pour ceux qui ne le savent pas.

Je suis venu vivre avec eux,
Ils sont, je vois, une vingtaine,
Il y a trois ou quatre vieux,
Les jeunes sont une vingtaine.

Seigneur, puisque Tu m'as mis là,
Et qu'avec Eux il me faut vivre,
Fais que pour ces êtres là
Mon cœur entièrement se livre.

Les prisonniers lui racontent leurs expériences personnelles ou lui font lire, comme ici, des poèmes écrits par des condamnés à mort. Voici celui de **Marcel Peyronnet**, fusillé le 8 août 1947 :

Demain je partirai pour ne plus revenir
Vers l'éternel néant que réfute le prêtre

Montrouge ou Châtillon me verront agonir
Il faut que je sois fort près du poteau de hêtre.
Fuyez, doux souvenirs ; fuyez, chères images,
Laissez-moi reposer au soir du dernier jour
Demain vous me suivrez dans l'étroit sarcophage
Et nous y vieillirons en reparlant d'amour...

Et voici aussi, chose assez rare pour qu'on la souligne, quelques vers de **Benoist-Méchin**, ancien ministre, condamné à mort le 6 juin 1947 et gracié le 9 août 1948 :

Des hommes comme nous ne se plaignent guère
Des hommes comme nous ne se plaignent pas
Nous avons mené, soldats, une âpre guerre
Forçats, nous menons un plus âpre combat...

Toujours du même, tiré de *« Evangile des temps désespérés »* ou de *« La ballade des pierres de la prison » :*

Quand d'autres se renient
Dresse-toi, tout droit sur leur vilenie,
Avec ta foi sanglante et communie
Jusqu'à la dernière goutte de sang...

Les graffitis sur les murs des cellules révèlent parfois des trouvailles. A son poste d'infirmier **Bocognano** en relèvera quelques-unes qu'il nous rapporte ici, comme celle de la cellule 59 et non signée :

Qui et au nom de quoi
A osé nous juger ?
Nous faire peser sa loi
Nous juger, nous assassiner ?

Que notre sang retombe
Sur la tête de nos juges
Que nos corps hors de la tombe
Viennent souiller leurs refuges

Que notre sang retombe
Sur la tête de nos bourreaux

Faisant une hécatombe
Des soi disant héros...

Que notre sang retombe
Sur tous les assassins
Et que le plus grand nombre
En soit frappé demain.

Rappelons que c'est dans la cellule du journaliste **Algaron** que l'auteur de *Quartier des fauves* avait relevé ces deux vers remarquables et que nous citons à nouveau :

Dans le bonheur les années passent comme des minutes
Mais le malheur paraît tissé avec du fil d'éternité...

Dans le même ouvrage **Bocognano** relate la mort de Joseph Darnand. Arrivé sur le lieu de son exécution, il se dirigea vers le poteau en chantant le refrain de ses corps francs. Il refusa d'être attaché et d'avoir les yeux bandés. La mort le frappa alors qu'il chantait :

A genoux nous fîmes le serment,
Miliciens, de mourir en chantant
S'il le faut, pour la nouvelle France.

Une liste interminable…

Puisque nous en sommes aux auteurs ayant traité de cette période et la liste est longue, mentionnons ici , d'Alfred Fabre-Luce : *« Double prison »*. Ce dernier avait en 1941 publié un : *« Journal de la France »* où il avait souhaité une collaboration de notre pays à l'entreprise de l'Allemagne hitlérienne et cela lui valut en septembre 1944 d'être arrêté et connaitre divers lieux de détention. A sa sortie de Fresnes et toujours à compte d'auteur, il publiera : « *Au nom des silencieux* » et *« Hors d'atteinte* ».

Grand admirateur des poètes, et en particulier de Victor Hugo, **Claude Jamet** écrivit lui-même de nombreux poèmes dont une œuvre considérable qui consista en la traduction en vers français du texte grec de l'original de *L'Iliade* ; mais ces poèmes ne furent malheureusement jamais publiés. Sous l'Occupation, il sera l'un des créateurs de *Germinal* et donnera également des articles à tonalité pacifiste dans diverses revues de cette époque. A la Libération, il sera condamné à trois mois de prison qu'il effectuera à Fresnes où il retrouvera, entre autres, **Robert Brasillach**. En 1948, il fera publier « *Fifi Roi* » qui restera son œuvre majeure.

Né sous le crayon de Rio (Ralph Soupault, caricaturiste à *Je suis partout* et *Combats,* l'organe de la Milice), voici : « *Fresnes, reportage d'un témoin* » où nous pouvons apprécier sa vision personnelle de la célèbre prison et de ses protagonistes ou internés. Il ne s'agit pas ici d'un poète mais qui pourrait nier qu'une image poétique puisse aussi naître d'un dessin ? Outre les dessins, figurent aussi quelques textes et l'évocation d'un poème de Robert Brasillach, *Les noms sur les murs,* poème dont parle également l'ouvrage de Philippe Saint-Germain : « *Les prisons de l'Epuration* » et qui évoquait les résistants incarcérés ayant laissé sur les murs des mêmes cellules leurs espoirs et leurs certitudes :

C'est à vous, frères inconnus,
Que je pense le soir venu,
Ô mes fraternels adversaires...

Toujours de la même époque et sur le même sujet puisqu'il fut publié par la N.R.F. en 1954, un ouvrage de Serge Dumartin : « *Dialogue sur la solitude* » reproduit un poème inédit de Robert Brasillach que les prisonniers se passaient de la main à la main :

Et ce sera l'été qui reviendra,
Sans nous, sans les amis sur la pelouse courte,
Sans la vitre inclinée où sombre un peu de jour
Pour d'autres que pour nous sur la ville déserte,
L'Orient nouveau-né verdira ses rayons ;
Vers les toits étoilés, par la fenêtre ouverte,
Des danseurs inconnus le matin s'enfuiront.
Jamais,
Jamais, jamais pour nous dans l'arbre blanc du mois de mai,
Nous ne verrons courir la jeunesse furtive.
Le jardin oubliera nos prénoms ignorés,
Et l'eau vive.
Mais peut être qu'un jour sous l'arbre blanc du mois de mai,
Un Archange, debout parmi les branches basses,
Rendra le jour fuyant à la vitre inclinée
Et dira notre nom aux enfants qui passent.

Nous attachions beaucoup d'intérêt à la lecture de « *Chansons du mirador* » de **Lucien Combelle**. Il avait été le secrétaire de Drieu la Rochelle qui, rappelons-le, se suicida après la Libération, avant d'être celui de Gide. Deux maîtres de l'écriture à qui il avouait devoir beaucoup. Il n'est pas de recherches qui ne s'accompagnent de beaucoup d'espoir et le titre du recueil était si alléchant. L'ouvrage se trouvant à la Grande Bibliothèque François Mitterrand, ce fut pour nous l'occasion de vérifier que Kafka se serait retrouvé à l'aise dans cette immense bâtisse sans le moindre écriteau et où vous devez être porteur d'une carte avec photo et toutes vos coordonnées dûment enregistrées avant même d'être autorisé à acheter votre billet d'entrée. Oui, le grand Kafka lui-même y aurait retrouvé des airs de déjà vu. Hélas, ces *Chansons du mirador* se révélèrent être parfumées à l'eau de rose. Pas le moindre vers qui vous touche par sa sincérité. Une élégance glacée et c'est tout. Etre à Fresnes et nous parler de Conchita Cintron, vedette taurine de cette époque, faut le faire, comme on dit. Un seul poème trouva grâce à nos yeux – et encore plus par son titre que par les vers eux-mêmes : *Sur trois tombes* (Drieu la Rochelle, Robert Brasillach, Jean Fontenoy)

Dans le même printemps sous les mêmes décombres
A moi le survivant vous avez dit Adieu
Ami des temps maudits ami des matins clairs
Désormais je suis seul et mon cœur désespère
Trop lourde est l'imposture leur triomphe odieux
Pour eux luit le soleil il nous reste les ombres

Et quand je quitterai ces lieux qui m'ont fait mal
Vous serez mes amis compagnons du voyage
Je vous ai trop donné je ne saurais partir
Si j'oubliais pourquoi vous avez cru mourir
Sur les rives d'exil j'attendrai le présage
Illuminant la nuit de l'espoir germinal

Nous avons respecté cette ponctuation volontairement inexistante.

Sur Internet, les moteurs de recherche permettent d'accéder à quelques poèmes extraits de « *Les Barreaux d'or* » de **Jean Mamy** que le fils du dernier fusillé de l'Epuration (mars 1948) fit publier en Suisse en 1963. Les poèmes que nous avons pu lire se caractérisaient par l'inspiration religieuse et ... leur longueur ! Celui dont nous donnons un extrait ici : *Poème pour Pâques. Golgotha* » ne comporte pas moins de vingt strophes similaires.

Perce mon flanc, soldat, blesse d'un fer dément
L'objet de ton courroux, cette âme aux danses fauves
Qui raillait d'un mot cru les mols envoutements
Des palais blêmissants et des rousses alcôves

Et ce fut du recueil dont j'attendais le moins, celui de Claude Maubourguet : « *Chansons du temps interdit* » que vint la bonne surprise. Décidément, les Editions de l'Elan de cette époque faisaient de la bonne besogne. Bien illustrés par Nau, les poèmes crient de vérité et décrivent sans fioriture ce manque essentiel pour un homme jeune du corps de la femme aimée. Celui-ci est daté du 13 mai 1948 et précise : 1353e jour et l'on comprend que ce mille trois cent cinquante troisième jour d'abstinence évoque plus ce désir qu'autre chose.

Complainte de la nuit d'orage :

Ciel jaune, éclair et grêle,
Mon cœur brûle sans repos.
Je l'aime trop. Que fait-elle ?
Mes désirs n'ont pas d'écho,
Mes amours sont irréelles.

Je n'en puis plus. Trop de désirs
Me bouleversent et m'insèrent.
La ronde tourne sans finir,
Le présent n'a plus de repère
C'est toujours trop loin l'avenir.

Passé, futur, vous me brûlez,
Pas de cesse ni de remède,
Les nuits chères s'en sont allées,
Ma raison sur la corde raide
Suit une course sans relais.

Egalement de la même veine :

Complainte des désirs impossibles :

La nuit m'apporte ses blessures,
Mon désir a chauffé ses fers.
J'aime trop le mal que j'endure !
Mon paradis est un enfer.

Mon mal, je ne veux pas qu'il parte.
Après avoir tant attendue
Dame de cœur des bonnes cartes,
Me seras-tu jamais rendue ?

Sommeil, je voudrais son visage,
La chaleur douce de son corps.
O fleuve noir chargé d'images,
Conjure moi du mauvais sort.

Ma tête tourne, mes dents grincent,
Le temps s'écoule et ne revient.
Je ne sais plus, je ne sais rien,
Que le désir de ton corps mince.

Une explication possible au rejet,
(Et quelques raisons pour un silence...)

Et, pour reprendre une réflexion qui nous taraude : si, comme cela est annoncé, le poète est le premier à percevoir le frisson des choses à venir, il peut être comparé à une cloche annonçant notre avenir par son carillon ou par son glas. Mais une cloche dont le battant a été soigneusement entouré de chiffons ne peut plus tenir ce rôle.

La responsabilité du désastre de la tragédie de 1940 ne devrait pas être recherchée chez les lampistes et autres rimailleurs. C'est du côté des politiques et des décideurs qu'il faudrait tourner les regards. Rayer de notre mémoire les poètes qui s'exprimèrent à l'époque de la tragédie de 1940, c'est nous priver à la fois de notre histoire et de nos moyens de défense. Mais cela va, n'en doutons pas, beaucoup plus loin qu'une basse vengeance du vainqueur au vaincu.

L'explication est donc probablement à chercher ailleurs. Il y a dans cette volonté de nous couper de nos racines quelque chose de beaucoup plus subtil et nocif. Quotidiennement, notre peuple est formaté pour entrer dans l'avenir qu'on lui prépare à travers les portes de l'oubli de sa culture et de son passé. Les médias, à commencer par l'incontournable télévision, y pourvoiront.

A propos d'un ouvrage du grand romancier tchèque Milan Kundera sur les vicissitudes de son peuple, ballotté de démocratie en nazisme, puis de nazisme en communisme avec, finalement, un retour à la case démocratie, tout cela en un demi siècle, l'historien et sociologue américain Arthur M. Schlesinger dans *Desuniting of America* (La désunion de l'Amérique) fait le constat suivant :

« *Le premier pas pour liquider un peuple est toujours d'effacer sa mémoire. Détruire ses livres, sa culture, son histoire, pour écrire de nouveaux livres, créer une autre culture, inventer une autre histoire. Avant longtemps, la nation aura oublié ce qui est et ce qui fut. Le combat de l'homme qui refuse d'entrer dans le moule, n'est que le combat de la mémoire contre l'oubli.* »

C'est une découverte magistrale et pourtant, elle est complètement passée sous silence. Et Schlesinger nous rappelle aussi que George Orwell, dans *1984,* a écrit : « *Qui contrôle le passé contrôle le présent.* » Et donc, « *Qui contrôle le passé contrôle aussi le futur.* »

Ainsi, Milan Kundera et le sociologue américain avaient vu juste et levé le bon lièvre : l'explication des ouvrages disparus des rayons et des anthologies expurgées devient d'une clarté aveuglante. Et si nos jardins et autres lieux publics exhibent de nos jours des horreurs qui n'ont rien à voir avec ce qui fut l'art reconnu depuis la plus haute civilisation, cela expliquerait aussi pourquoi la poésie classique n'a pas plus sa place aujourd'hui que la sculpture telle que l'on la concevait depuis trente siècles. Oui, Abel Bonnard avait vu juste : *Aujourd'hui, des talents peuvent encore naitre, mais ils ne peuvent plus ni croitre ni fleurir.* » Et si : *« L'art ne fait jamais que représenter les idées maîtresses d'une civilisation »,* toujours d'après Bonnard, c'est une autre civilisation, voulue par une autre volonté politique qui se met en place sous nos yeux. Bien sûr, les protestations ne manquent pas devant cet envahissement de nos espaces historiques et culturels par cette chose appelée « art contemporain » ; mais ces protestations, que ce soit à Versailles, dans nos lieux publics et jusque dans nos cathédrales, semblent sans effet. Les puissants du jour passent outre.

A titre d'exemple et photo à l'appui (voir page VIII du hors-texte central), cette sorte de Frankenstein fait de blocs de pierre maintenus ensemble par des attelles d'acier qui a été érigé sur le périmètre de l'aéroport de Nice et comme s'il s'agissait d'une œuvre d'art. Ce monstre, dont les hommes des cavernes n'auraient pas voulu, n'a ni regard ni sourire. C'est un parfait totem de la barbarie et cela a pu se mettre en place malgré les protestations. Que voulez-vous, de nos jours et sans consulter personne, on expose ici ou là toutes les horreurs que l'on veut. Alors, une de plus ou une de moins… Mais l'idéologie dominante, en étalant ainsi son pouvoir, devrait aussi savoir que cela implique aussi que, de fil en aiguille, on arrive à s'intéresser à Arno Breker. Et puis, sur cette lancée, à Céline et à quelques grands maudits.

Au risque de se répéter, si l'art officiel d'une civilisation ne nous montre jamais que ses images idéales, c'est devenu une drôle de civilisation que la nôtre.

Aude de Kerros, à propos de ces créations barbares qui nous sont imposées partout, écrit : « *Posons-nous la question, l'art légitime aujourd'hui est-il celui des vainqueurs ?* » Et aussi : *« L'art légitime est-il celui imposé par le marché financier ? »* Oui, nous sommes entrés dans une drôle d'époque, c'est le moins que l'on puisse dire. Nos constats sur la poésie et les poètes risquent de nous mener bien loin. La question posée par A. de Kerros : « *l'art légitime d'aujourd'hui est-il celui des vainqueurs ?* » mériterait peut être que l'on y prête une attention particulière.

Le vainqueur ! Le grand mot est lâché ! Mais le vainqueur, qu'il le soit devenu par le scrutin, par les armes ou tout simplement par son influence et son argent, peut se révéler être porteur d'une ambition culturelle qui est totalement étrangère à la nôtre. Sachons-le bien : une guerre ne se gagne pas avec des arguments de poètes. C'est quasi-toujours le moins scrupuleux dans le choix des armes utilisées qui gagne. Dans le monde arabe actuellement et précisément par le scrutin d'un côté et par les armes d'un autre, le vainqueur inquiète par des projets qui annoncent une régression de la vie sociétale dans les pays concernés. Chasser un tyran pour installer pire à sa place, la belle affaire ! Mais nous n'avons pas besoin de franchir la Méditerranée : à Nice toujours, quai des Etats-Unis ou dans les jardins Albert 1er, on expose – on impose, devrait-on dire – des œuvres qui sont révélatrices de la plus extrême barbarie.

On ne le répètera jamais assez : l'art exprime l'identité d'un peuple et ce sont ses images idéales qu'il nous montre. Mais cette réflexion en amène une autre : l'art contemporain a été imposé depuis New York, mais en même temps que New York faisait cette démonstration de puissance, il nous vendait en même temps ses valeurs toxiques. On peut craindre aussi qu'il signait également l'arrêt de mort de l'Amérique, car ce qui est contre nature ne peut pas durer.

Alors, **Vesper** oublié dans le Lubéron, est-ce bien un oubli ou bien faut-il chercher ailleurs ? L'Eglise Réformée de France avait-elle tellement de théologiens mettant sous leur loupe les enseignements du Christ pour faire fi des travaux de ce dernier ? Et ce poème dont plus personne ne peut nommer l'auteur et qui, en six vers, décrivit la vie carcérale des épurés comme nul autre ne le fit jamais, un « oubli » aussi ? Mais si nous arrivons à oublier notre culture et notre histoire aussi facilement, c'est que nous sommes déjà dans un état d'agonie avancée. Nous sommes témoins de quelque chose de pathétique et pourtant, nous ne pouvons pas davantage témoigner que cette cloche dont le battant a été entouré de chiffons.

Il s'agit donc bel et bien de remplacer notre Histoire, notre culture, nos valeurs, par quelque chose de nouveau. Et ce quelque chose se met en place sous nos yeux tous les jours dans l'indifférence générale. Allons même un peu plus loin : à côté de ces mesures qui pour le commun des mortels pourraient paraître anodines ; pour accélérer le mouvement et faire taire les récalcitrants qui ne sont pas toujours d'accord avec la vision du passé que l'on veut imposer, on allait adjoindre un gendarme plus musclé : la loi Gayssot. Attention à ne pas sortir du rang. Dans à peu près tous les pays d'Europe, des récalcitrants à la volonté des puissants du jour payent par des années de prison leur audace. Y compris des octogénaires en Suisse ! Mais les médias se taisent à leur sujet et personne ou presque ne le sait.

Et comme l'avait si bien prédit Maurice Bardèche, désormais c'est toute l'Europe harnachée de mesures similaires qui marche au même pas cadencé et dans la même direction. Finalement, démocratie est un mot suffisamment vague pour permettre toutes les interprétations que l'on veut. Le système qui nous gouvernait jusqu'au milieu du siècle dernier avait permis aux yeux de certains des dérives que, vainqueurs, ils ne voulaient plus tolérer, d'où les purges et la loi Gayssot. Celui qui tient l'or fait la loi et sous une autre forme, l'épuration continue.

Mais, sachons le bien : les constatations de Milan Kundera ne valent pas que pour le peuple tchèque, ni les dangers de désintégration dénoncés par Schlesinger pour la seule Amérique. Toutes les nations sont en danger et la nôtre n'y échappe pas. A nous, donc, de nous souvenir de notre longue histoire. A nous, de ne pas oublier nos poètes, *les premiers à percevoir le frisson des choses à venir,* car nous avons une dette envers eux. A nous de refuser d'entrer dans le moule.

Léon ARNOUX

J'allais tout bonnement conclure mon modeste essai sur une note d'ingratitude, c'est-à-dire en oubliant de citer tous ceux qui, directement ou indirectement, m'aidèrent dans sa rédaction.

Jean-Paul Angelelli me mit la puce à l'oreille pour le pasteur de Lourmarin, Camille-Marie Galic me fit découvrir Louis Truc, François-Xavier Rochette, le poète mystérieux de *« A bord du vaisseau de fer et de pierre »* et Pierre-Denis Boudriot qui, très généreusement, m'adressa moult informations et photocopies et orienta mes recherches.

Je n'oublie pas non plus Claude Lefert qui me consacra une partie de son temps alors qu'il était débordé d'occupations pour nous conduire à travers les taillis de la Roche d'Espeil jusqu'à la tombe bien abandonnée des Vesper. Ni Louis Foujols, mort depuis vingt ans aujourd'hui, et grâce auquel je dois d'avoir découvert *« Les Familiers »* d'Abel Bonnard.

A tous, un très sincère merci.

INDEX DES NOMS CITÉS

S

T

V

W

SOMMAIRE

Ce livre (revu et recomposé)
édité par François-Xavier d'Hautefeuille
est le cent-trente-sixième
publié sous la marque « Editions de Chiré »

www.chire.fr

Achevé d'imprimer en France
par JOUVE
Dépôt légal Novembre 2013